英語語法学の展開

New Aspects of Current English Usage

奥田隆一 著

関西大学出版部

【本書は関西大学研究成果出版補助金規程による刊行】

ま　え　が　き

　従来、語法研究は個別の語法について、その用例やネイティブ・チェックを通じ、容認度などを探ってきた。この個々の現象全体を貫く原理を探るために、筆者は「英語語法学」というのを『英語語法学をめざして』と『英語教育に生かす英語語法学』で提唱した。

　本書では、さらに具体例をあげながら、英語の語法現象を大きくとらえ直し、英語の用法の現状を考察し、現代英語の用法の分析に新しい視点を提示するのが刊行の目的である。本書では特に現代英語の口語表現に見られる興味深い語法現象を取り上げ、その背後にある使用理由を探ってみた。

　理論言語学的なエレガントな明快さは提示できていないし、語法現象の分類で終わっているものも多いのだが、この分野に興味を持つ人が一人でも多く増える事を期待して、敢えて提示させていただく事にした。

　英語語法現象の背後にある、人間同士のコミュニケーションを上手くとるための工夫を知っていただき、この分野に少しでも興味を持っていただければ、望外の喜びである。

　なお、本書の出版に際し、今回もまたお世話になった西川盛雄熊本大学名誉教授と山本英一関西大学教授には、改めてここに多大な感謝の念を記しておく事にする。

奥田隆一

目　　次

まえがき……………………………………………………………………………　i

1．Excuse you! の英語語法学的分析…………………………………………　1

2．曖昧性の回避について…………………………………………………………　17

3．形容詞とともに使われる a lot について…………………………………　31

4．口語英語の定型表現について………………………………………………　43

5．スウェアリングとその婉曲表現……………………………………………　71

6．メタ言語的用法の特徴………………………………………………………　93

7．〜 with a capital … の英語語法学的分析………………………………　113

8．ダイクシスと語法……………………………………………………………　123

9．英語表現の変化や用法の拡張について…………………………………　141

参考文献……………………………………………………………………………　174

あとがき……………………………………………………………………………　176

索　　引……………………………………………………………………………　177

1. Excuse you! の英語語法学的分析

　英語の話し言葉を観察していると、辞書等でも説明されていない表現や特別な用法に出会う事がある。ここでは、その中でも特にめずらしい Excuse you. という表現を取り上げて、この表現の多様な使用状況とその意味についてその使用の実態を見て行く事にする[1]。

1. 一般的な用法

　Excuse you. という表現については、ほとんどの日本の英和辞典で取り上げられていないが、アメリカ英語ではかなり普通に使われるようで、以下のように、インターネットなどでこの表現についての情報を見つける事が出来る。次の解説は、Yahoo!Answers というサイトで、Excuse you. という表現の意味を尋ねている質問に答えたものである。

> Someone will say "Excuse you" with a certain degree of irony and sarcasm to indicate that you should have excused yourself. Example: you belch publicly and don't say, "Excuse me." Someone who wants to give you a hard time may say, "Excuse you."
> ── http://answers.yahoo.com/question/index?qid=20120217191838AA8KUam

　この解説からも分かるように、Excuse you. という表現で一般的に知られている用法は、次のようなものである。ゲップやオナラをして何も知らないフリをしている子供に、母親が「ごめんなさいと言いなさい」という場合に使われる。

　この用法は、英語によく見られる「言葉とがめ」の特殊なものだと考えられる。なぜ特殊な場合と考えられるかというと、普通は、子供などが言葉を使っ

て何かを表現し、その言葉遣いが不適切な場合に、言葉を訂正するために発話されるのが「言葉とがめ」の表現なのだが、Excuse you. の場合は、何も発言しないことに対して、その態度をとがめて「このように言いなさい」というモデルを示しているからである。つまり、何も「わびの言葉」を言おうとしない子供に対して、「このような場合には Excuse me. と言いなさい」という意味で Excuse you. と発話しているのである。いわば、「態度とがめ」の英語表現なのである。

２．「言葉とがめ」と Excuse you.

　上で、Excuse you. が「言葉とがめ」の特殊なものだと述べたが、まず「言葉とがめ」とはどのような特徴を持っているかを見て行く事にする。毛利 (1987: 143) は、次のように英語の「言葉とがめ」には大きく分けて「解説型」と「モデル型」の２つの形式があることを提示している。

1) 説明的に、字句の使い方を教えてやるという形をとる —— 解説型
2) だまって、相手の言うべき正しい文を、自分が発言してみせる —— モデル型

　そして、英語では言葉遣いを教える時には「モデル型」が一般的であると考察している。さらに、モデル型に２つのサブタイプがある事を解説している。

(1) a. I got some coffee downstairs.

　　 b. You have some coffee downstairs.

(2) a. I got some coffee downstairs.

　　 b. I have some coffee downstairs.

(1b)と(2b)を比べると、主語が違っていて、(2b)の方では相手が言わなければならない表現をそのまま述べているのに対し、(1b)の方では主語を You に

して「あなたは〜という表現を使うべきなのですよ」と解説的に述べている。
つまり、「解説型に近いモデル型」なのだ。この2つのタイプの実例を見てみ
よう。

(3) "Mom," said Encyclopedia, "*can I have another piece of pie?*" Mrs.
Brown sighed. She had taught English in the Idaville High School
before her marriage. "*You may have another piece of pie*," she said.
── Donald Sobol, *Encyclopedia Brown: Boy Detective*, p. 9

(4) A: I've got a date tomorrow night.
B: Oh, yeah? *With who?*
A: *With whom.*
B: All right, with whom?
── *Numb3rs*, Season 2, Episode 18 ［テレビドラマ・スクリプト］

(3)は、主語が You になっているので「解説型に近いモデル型」の例で、子ど
もが "Can I …?" と can を使ったのに対し、母親が may を使いなさいという意
味で "You may have …." という発言をしている。(4)の方は、With who? とい
う表現を使った人に対し、「With whom. と言うのが正しいのですよ」と述べ
ている「モデル型」の例である。
　以上を踏まえて、Excuse you. という表現を考察してみると、主語ではない
が目的語に you という代名詞が使われているので、これは(1b)のような「言
葉とがめ」の「解説型に近いモデル型」と考える事が出来る。しかし、上でも
見たように、相手は何の言葉も発していないので、「言葉とがめ」とは言えず
「言葉とがめ」に準ずる「態度とがめ」なのである。ところが、「態度とがめ」
にも「解説型」と「モデル型」がある。次の例はトランシーバーでの通信で、
相手が話し終わったのに "Over" という言葉を発しなかったため、それをとが
めている場面だ。

⑸ A: Are you finished talking?

　B: Yeah.

　A: When you're finished talking you should say "***over***".

　B: Sorry.

　── *Glee*, Season 2, Episode 20［テレビドラマ・スクリプト］

ここでは、you should say "over" と解説型の「態度とがめ」になっている。これに対し、Excuse you. は「態度とがめ」の「解説型に近いモデル型」の用法だという事が出来る。

３．Excuse you. の意味と用法

　では、Excuse you. という表現は上で見たような「態度とがめ」というのが中核的な用法だと考えられる。以下に、実例を検討しながら Excuse you. の意味と用法を考察する⑵。

３．１．態度とがめの Excuse you.

　まず、上で見た「態度とがめ」の用法を見てみよう。

⑹ Look at the detail on that. Uh--Excuse you.

　── *Person of Interest*, Season 1, Episode 14［テレビドラマ・スクリプト］

　男が、少年に無料のコミック本を渡し、「（ヒーローとはどういうものかを）じっくり読むのだぞ」と説明しているところに、別の少年が通りかかりぶつかりそうになって過ぎようとしている時に Excuse you. と発言している。「こんな時には Excuse me. というのだぞ！」という意味で使っている。この場合の Excuse you. の音声的な特徴を、楽譜を用いて示すと次のようになる⑶。文強勢は excuse の -cuse の部分に置かれ、下降調のイントネーションが使われる。

(6)

3.2. 相手に直接言わない「態度とがめ」の Excuse you.

　次の用法は、上で見た「態度とがめ」の一種だと考えてもいい。どこが違うかと言うと、相手がその場にもういなくなっている時に発言するところである。この用法は次のように、子供にだけではなく大人に対しても、相手が失礼な態度をとった時に使われるのだが、相手にきつく言うのではなくて不満を述べているが、独り言のように使われるのである。これは、よく「本当に失礼な人ね」と独り言を言うのに似ている(4)。「こんなときにはすみませんと言うものでしょう！失礼な！」くらいの意味で使われている。

(7) (Gabrielle feels sick again, covers her mouth and runs away from the BBQ. She runs past Sophie, grabbing the bottle of champagne she was holding and into the house)
　Sophie: ***Excuse you.***
　── *Desperate Housewives*, Season 1, Episode 20 ［テレビドラマ・スクリプト］

(8) (NICK turns and heads down the hallway leaving GRISSOM behind. He passes CATHERINE on his way out. He bumps into her, holds up a hand in apology and without a word, keeps going.)
　Catherine: ***Excuse you.***
　── *CSI*, Season 1, Episode 11 ［テレビドラマ・スクリプト］

この場合の Excuse you. の音声的な特徴を、楽譜を用いて示すと次のようになる。

(7)はパーティでバーベキューの肉を焼いていたガブリエルが、急に気分が悪くなり家の中に駆け込む途中でソフィーの持っているシャンペンボトルを奪って行った時の、ソフィーの発言だ。相手を非難しているが、直接的ではないので、音声的に見ると文尾の you が強められているが、高く発音されている。また、(8)はキャサリンが歩いていると、上司のグリッソンと話した後のニックが廊下を歩いて来てキャサリンにぶつかりかけたが、何も言わずに通り過ぎて行ったので、キャサリンが「すみませんと言うものでしょう！」という意味で Excuse you. と言っている。この用法は、「態度とがめ」の用法に準ずるものだが、音声的に比べてみると、相手に直接不満を述べているのではないので、文尾が上昇調で終わっている。

3.3. 通り道を開けてもらう時に使う Excuse you.

次によく使われるのが、誰かが進路を妨げている場合に、通り道を開けるように言う時に Excuse you. が使われる。

(9) Mercedes Jones: ***Excuse you.*** Whoa, whoa. A couple more. Thanks.
　　── *Glee*, Season 2, Episode 7 ［テレビドラマ・スクリプト］
(10) Female Student: ***Excuse you!***
　　── *Buffy the Vampire Slayer*, Season 1, Episode 4 ［テレビドラマ・スクリプト］

(9)は、女子学生のメルセデスが高校の食堂で、フライが出来上がったのを見つけて、その料理の所に行き、前にいる学生に対して Excuse you! と言ってどかせている。そして、その料理を皿に入れてもらっている場面だ。この場合は「通してよ！」と頼んでいる。最後の you が長く発音されている。相手に注目

させるためだ。この場合の Excuse you. の音声的な特徴を、楽譜を用いて示すと次のようになる。

(9)

(10)は、食堂でバフィーがスプーンを取りに行って戻ろうとしたため、歩いて来た女子学生は進路を妨害されたので、バフィーに向かって「通してよ！」と発言している。この場合の音声的な特徴を楽譜で示すと次のようになる。

(10)

次にもう少し特殊な例を見てみよう。これは、Excuse you. に対して Excuse you. と応えている場面だ。女子学生の A が友人の飲み物を取って来てやろうとしているところに、別の女子学生が歩いて来て、通り道を開けるように Excuse you. と言っている。これに対し「そちらの方こそ」とやり返している場面だ。

(11) A: I'm gonna get another drink. You want one?
　　B: Uh-uh. ***Excuse you!***
　　A: ***Excuse you!*** I have something it's gonna help you feel better.
　　── *90210*, Season 1, Episode 16 ［テレビドラマ・スクリプト］

この場合の Excuse you. の音声的な特徴を楽譜で示したのが、下の図で左のものが B のもの。右の図が A のものだ。この B のものは(9)の図とよく似ているのが分かるだろう。これも最後の you が長く発音され相手の注目を引こうとしている。しかし、-cuse の部分が(9)より高くなっていて、相手を非難する感じが出ている。

(11-1)  (11-2)

Aの方は、(10)の図と似ている。こちらの方は you にストレスが置かれ、「あなたの方こそ謝るべきよ」という非難の意味を出している。

３．４．「何ですって？」と聞き返す Excuse you.

相手の発言に対して、「何とおっしゃったのですか？」と聞く時には Excuse me. という表現が使われるが、この表現は時には「何ですって？」という驚きを含んで聞き返す場合にも使われる。この「何ですって？」という意味をあらわす場合に Excuse you? という表現が使われる。

(12) Meredith: Addison yelled at you in front of a patient?
　　　Alex: She didn't exactly yell. Fine. She's Satan's whore.
　　　Meredith: Thank you. … So did you yell back?
　　　Alex: No.
　　　Meredith: Dude, you lost your mojo.
　　　Karev: ***Excuse you?***
　　　—— *Grey's Anatomy*, Season 2, Episode 6 ［テレビドラマ・スクリプト］

研修医のアレックスが患者を勝手に歩き回らせた事を医師のアディソンにとがめられたのを聞いて、アディソンに反感を抱いているメレディスが、アレックスがアディソンに反論したのかどうかを聞いているところだ。患者の前でアディソンが怒鳴ったかどうかをメレディスは尋ねた。「そこまではなかった」とアレックスが言うと、メレディスが不服そうにしたので、「分かった。アディソンは悪魔の娼婦のようなやつだ」と言った。さらに、メレディスは反撃したかどうかを尋ねるので、しなかった事を告げると、メレディスは男が使うような言葉遣いで「おい（Dude）、根性をなくしたのだろう（you lost your mojo)」と言った。それに対し、アレックスは「何だって？」と聞き返している。「そんな事を言われる筋合いはないだろう」という不満があらわれている。この場合の Excuse you. の音声的な特徴を、楽譜を用いて示すと次のようになる。当然の事ながら、この意味では上昇調のイントネーションになる。

(12)

もう一つこの用法の例を見よう。

(13) Chester: You fellas are gonna want to come with me.
　　　Hardison: ***Excuse you?*** —— *Leverage*, Season 3, Episode 7 [テレビドラマ・スクリプト]

(13)は、ハーディソンとエリオットが車に乗ろうとした時に、突然兵士チェスターが現れて「一緒に来い」と銃を突きつけられた場面だ。ハーディソンは「何だって？」と聞き返している。これも「そんな事を命令される筋合いはないだろう」という不満があらわれている。この場合の Excuse you. の音声的な特徴を、楽譜を用いて示すと次のようになる。(12)と比べて -cuse you の部分が高くなっているのは「信じられない」という意味をより強調しているからである。

(13)

3.5. 冗談で使われる Excuse you.

　Excuse you. が冗談で使われる場合もある。以下は、海軍の犯罪捜査官たちが救急車の通信を録音したものを聴いている場面だ。音声を再生している時に問題個所が見つかったので、捜査官のディノッゾが「ここだ、よく聴いて！」

と言って、音声に雑音が入っていたので、同僚のマギー捜査官に Excuse you. と言っている。これは、その雑音をマギーのオナラと捉えて、冗談で非難している。上で見た「態度とがめ」を使った冗談である。

(14) Dinozo: Okay, wait. Shh. Here it comes. Listen. [STATIC BUZZING ON RECORDING] ***Excuse you,*** McGee. Play it again.
—— *NCIS*, Season 8, Episode 3 ［テレビドラマ・スクリプト］

この場合の Excuse you. の音声的な特徴を、楽譜を用いて示すと次のようになる。ここでは、you にストレスを置いていて「態度とがめ」の(6)と類似のイントネーションが使われている。

(14)

3．6．相手が発言することを先取りして発言する Excuse you.

以上の用法と少し違っている用法が、次のような用法である。救急救命士のトビーの友達であるビリーが職場に尋ねて来て、今晩、デートができないか誘っている場面である。

(15) Billie: I was thinking maybe if you're free tonight … that …
Toby: Yes, I am, I'm free. C'mon no not again, Billie. ***Excuse you.*** You all right?
—— *The Listener*, S2E11 ［テレビドラマ・スクリプト］

誘われたトビーは、予定がないのでいいと答えたが、その場にペットがいたため、動物アレルギーのビリーはくしゃみをし始める。それに対して、トビーが Excuse you. と言っている。この用法は、相手がくしゃみをしたのに Excuse me. と言わないので「Excuse me. と言いなさい」と言う「態度とがめ」の用法から派生したものであると考えられるが、この場面では相手をとがめていない事が次の「大丈夫かい？（You all right?）」という発言で分かるであろう。この Excuse you. は、「お大事に！」という意味で使われる God bless you. や Gesundheit. と同様の、相手を気遣う表現なのだ。つまり、相手に気を使って相手が発言すること（Excuse me.）を先取りして発言する用法だと言える。音声的な特徴を、楽譜を用いて示すと次のようになる。

(15)

4．Excuse you. の多様な用法の背景

以上のように、Excuse you. という表現は様々な意味・用法を持っている。ではこの多様性はどこから来るのだろうか。色々な用法の背後にはやはり Excuse me. の用法が見え隠れする。この多様性をうまく説明するには、この表現の基となっている Excuse me. の用法を探るのが一番である。そこで、まず Excuse me. の用法を見て、それと Excuse you. の用法がどう関連しているのかを考察する。

4．1．Excuse me. の用法と Excuse you.

Excuse me. の用法を整理するには、うまくまとめている $CALD^3$ が便利である。その記述を見てみよう。

Excuse me

a. a polite way of attracting the attention, especially of someone you do not know

   Excuse me, does this bus go to Oxford Street?

b. used to politely ask someone to move so that you can walk past them

Excuse me, can I just get past?

c. used to tell someone politely that you are leaving

Excuse me a moment, I'll be with you shortly.

d. used to say sorry for something you have done by accident

Did I take your seat? Do excuse me.

e. said before disagreeing with someone

Excuse me but aren't you forgetting something?

f. US (UK Pardon?, also I beg your pardon?)used to politely ask someone to repeat something they have said because you have not heard it

—— *CALD*[3]

CALD[3] では上のように Excuse me. の用法を 6 つに分類している。簡単にまとめ直すと、以下のようになる。

a. 人の注意を引く用法

b. 通路を開けてもらう用法

c. 丁寧にその場を去る事を告げる用法

d. 自分のしてしまった事に対し相手に謝る用法

e. 相手の意見と相容れないことを言う前に述べる用法

f. 相手の発言を聞き返す用法

これに対し、Excuse you. の用法との対応関係を見てみると次のようになる。

（1）態度とがめの Excuse you.

　　⇔（d）自分のしてしまった事に対し相手に謝る用法

（2）相手に直接言わない「態度とがめ」の Excuse you.

　　⇔（d）自分のしてしまった事に対し相手に謝る用法

（3）通り道を開けてもらう時に使う Excuse you.

1．Excuse you! の英語語法学的分析

  ⇔（b）通路を開けてもらう用法
（4）「何ですって？」と聞き返す Excuse you.
  ⇔（f）相手の発言を聞き返す用法
（5）冗談で使われる Excuse you.
  ⇔（d）自分のしてしまった事に対し相手に謝る用法
（6）相手が発言することを先取りして発言する Excuse you.
  ⇔（d）自分のしてしまった事に対し相手に謝る用法

このように、Excuse you. という表現は Excuse me. という表現の用法をベースにして生まれた用法だと考えられる。それでは、Excuse me. と対応する Excuse you. の用法を比較するとどのような違いがあるのかを検討する事にしよう。

　「通り道を開けてもらう時に使う Excuse you」と「通路を開けてもらう Excuse me.」は同じような場面で使われている。また「何ですってと聞き返す Excuse you.」と「相手の発言を聞き返す Excuse me.」も同じような場面で使われている。では、どのような意味の違いがあるのだろうか。ここには一番初めに述べた Excuse you. という表現の中核である「態度とがめ」という性格が反映されている。つまり、通路を開けてもらう場合、Excuse me. は話し手が相手に対し「ご迷惑をおかけしますが通路を開けて下さい」と述べているのに対し、Excuse you. は相手に対し「あなたが原因で迷惑しているので通路を開けて下さい」という含みが伝えられるのである。また、相手の発言を聞き返す場合、Excuse me. は「私が聞き逃したのでもう一度言っていただけますか」という意味になるのだが、Excuse you. も、もう一度言って下さいという意味を持つが、「あなたの発言内容に驚かされているので」という含みがある。以上の２つの用法は、Excuse me. の意味内容に「相手の態度をとがめる」という含みを持っているのである。

　「態度とがめの Excuse you.」と「自分のしてしまった事に対し相手に謝る Excuse me.」の違いは、上で見たように Excuse me. が自分の非を詫びる表現

13

に対し、Excuse you. は相手の非を非難する表現になっている。この表現が、インフォーマルな場で冗談として使われるのが「冗談で使われる Excuse you.」である。このような言語活動は日常会話では普通に行われるので、理解は容易であろう。

　ただ「相手が発言することを先取りして発言する Excuse you.」だけが独特の用法で、この用法には相手の態度をとがめるという含みを持たないのである。この場合には「Excuse me. と言いなさい」という意味ではなく、「あなたの代わりに Excuse me. と言ってあげます」という意味を伝えていて、「お大事に」という意味を間接的に伝えていると考えられるのである。

5．まとめ

　以上のように、Excuse you. という表現の意味と用法を考察して来たが、まとめると次のようになる。

　Excuse you. という表現は、Excuse me. の意味に、相手の態度をとがめる含みを持たせたもので、「あなたの態度が悪いから〜をして下さい」という意味で使われている。つまり、「態度とがめ」をする時に使われるのである。ただし、特殊な場合として、相手のくしゃみに対し「あなたの代わりにお詫びの言葉を言ってあげます」という「とがめ」より「配慮」を表す用法もある。

注
(0) この章は奥田（2014）を再録したものである。
(1) 奥田（2013）で提案した「英語語法学」という多面的・巨視的な観点から英語の用法を見たが、まだこの「英語語法学」は発展途上で、用法の背後にある要因を探る手法を模索している段階である。
(2) この Excuse you. の意味と用法に関しては、ユタ大学 English Language Institute 所長の Korrin Ebira 先生にビデオクリップを見ていただき判断していただいた。
(3) Excuse you. の音声的な特徴を、楽譜を用いて示したが、これに関してはハープ奏者で作曲家の松岡莉子さんに全面的に協力していただいた。なお、音符の1つずつは次の音にそれぞれ対応している。/ɪ/, /k/, /s/, /kjuː/, /z/, /juː/
(4) このように独り言のような用法は You're welcome. にもあり、相手が Thank

you. とお礼を言わないので、それに対し「このような時は Thank you. というべきでしょ！」という意味で、You're welcome. と独り言のように発話する事がある。次の例は椅子に座る事を勧めて、椅子を引いて腰掛けさせたのに、相手が Thank you. と言わない場合の発言。Booth: Please have a seat. Let me get this for you. ***You're welcome.*** ── *Bones*, Season 7, Episode 4

2．曖昧性の回避について

はじめに

　ことばには多義語というものがあるが、同じ表現が別のものを指して使われる事がある。ここでは、そのような具体例を取り上げ、その場合にどのような仕組みでその曖昧性が避けられるのかを考察してみることにする。

1．指の名前

　英語では、手の指を表す場合、親指だけを別扱いし、thumb と呼び、残りの指を finger と呼んでいる。「人差し指」は index finger、「中指」は middle finger、「薬指」は結婚したらこの指に指輪をはめるので ring finger、小指は little finger と呼ばれている[1]。例を見てみよう。

(1) Julien looks at the set of tokens and then at his fingers. He holds up his ***thumb***, his ***index finger***, and the ***middle finger*** of his right hand while holding down the ***ring finger*** and ***little finger*** with his left hand. ── Jacqueline Bideaud, Claire Meljac et al., *Pathways to Number: Children's Developing Numerical Abilities*, p.46

　以上の事には何の問題もないのだが、手の指に関しては別の呼び方が存在している。それは、指を「序数」を使って呼ぶ呼び方だ。「第1の指」「第2の指」「第3の指」などという言い方で、first finger, second finger, third finger, etc. などと表す。この場合、上で見たように、親指は thumb なので、除外し、他の4本の指を「序数」を使って表す。第一番目の指は人差し指なので first finger、その隣の中指は second finger、次の薬指は third finger、そして小指は the fourth finger と呼ばれている。例を見てみよう。これは、マジックの

17

解説の本からの例である。

(2) The **_thumb_** is touching the **_first finger_**, but does not aid in holding the silvercoin. —— Michael Ammar, *The Magic of Michael Ammar*, p.41

(3) Hold the key in place against your palm with your **_fourth finger_** as your **_second_** and **_third fingers_** open slightly, allowing the coin to silently fall to a fingertip rest position. —— Michael Ammar, *The Magic of Michael Ammar*, p.260

(2)の文章で分かるように、親指を thumb と呼び、人差し指から順に first, second, third, fourth と呼ぶ。ただし、日常会話では index finger (or forefinger), middle finger, ring finger, little finger (or pinky) と呼ぶ事の方が普通のようだ。

　ところで問題なのは、fifth finger という表現が使われる時があるということである。例を見てみよう。

(4) Dr. Shepherd: How're you doin'?
Dr. Burke: I'm developing numbness in my... **_fourth and fifth fingers_** .
—— *Grey's Anatomy*, Season 2, Episode 26 ［テレビドラマ・スクリプト］

これはテレビドラマ「グレーズ・アナトミー」の一場面だ。病院で発砲事件があり、撃たれてベッドによこたわっているバーク医師にシェパード医師が容態を聞いているところだ。ここで注目しなければならないのは fifth finger という表現が何を表しているかだ。確かめるには、実際のドラマの画像を見るのが一番である。そこで、この場面のビデオを見て確認すると、バーク医師は自分の「薬指と小指がしびれてきている」と話してことが分かる。つまり、バーク医師は、薬指を fourth finger 、小指を fifth finger と呼んでいるのだ。ということは、親指を first finger、人差し指を second finger、中指を third finger、

薬指を fourth finger 、小指を fifth finger と呼ぶ場合もあるという事だ。

　もう一つ別の例を見てみる事にする。これもテレビドラマの「ドクター HOUSE」の一場面。医者のチェイスが患者の状態を仲間の医者に報告しているところで、ビデオの場面を見ると「今までは薬指と小指が変色していたが、中指も変色してきている」と述べているのが分かる。つまり、この third finger は中指のことなのだ。

(5) CHASE: We've got ***a third finger*** turning dark. —— *House M.D.*, Season 2, Episode 3［テレビドラマ・スクリプト］

　このように、third finger と言った時に「薬指」か「中指」かの判断はどうされているのだろうか。この表現は2通りに曖昧なはずだが、一通りに解釈されている。何がそうさせているのだろうか。fifth finger が登場する例をもう一つ見てみる事にする。

(6) DOCTOR: He's been constant with fever but he refuses any pain killers. The right hand has been amputated above the wrist. He's lost ***the fourth and fifth fingers*** on the left. We... couldn't save the left eye. —— *Valkyrie* (2008)［映画シナリオ］

　ここでも、薬指を fourth finger 、小指を fifth finger と呼んでいることが分かる。それでは、どういう場合にこのように呼ぶのだろうか。例をじっくり観察していただきたい。よく見れば分かるように、どの例も病院や医師が関係している。つまり、「病院において医者の間で」は、親指を first finger、人差し指を second finger、中指を third finger、薬指を fourth finger 、小指を fifth finger と呼ぶという事が分かるのである。では、このような用法は「医者の間の用法」と片付けてしまっていいのだろうか。以下の例を見ていただきたい。

19

(7) Place your right thumb on the B. Proper fingering is key to transitioning between notes and chords so be sure you learn chords with proper fingerings. You won't always use this exact fingering, but it is a good way to learn. On your right hand, most chords will start with your *first finger*, which is your *thumb*.

Put your middle finger on the D# and your pinkie on F#. Counting up from your *thumb*, your *middle finger is the third finger and your pinky is the fifth*. This should be easy to remember because your basic chord construction is the first, third and fifth of the scale, so your first, third and fifth fingers correlate with the notes.

—— *How to Play B Major and B Minor on the Piano*

(http://www.ehow.com/how_2212705_play-b-major-b-minor.html)

この例はピアノの弾き方を説明する文章である。ここでも、医者が使うように、5本の指を親指から first finger, second finger, third finger, fourth finger, fifth finger と呼んでいる事が分かる。つまり、医者の間だけでなく、ピアノのレッスンなどでもこのような呼び方が使われているのである。もう一つ例を見てみよう。

(8) Play the three notes together with the *fifth finger*, the *third finger* and the *first finger (thumb)* of your left hand. Play these chords in the two octaves below Middle C on your piano. Practice until you are familiar with these chords and can find them quickly on your keyboard.

—— http://www.musicwithease.com/piano-chords-beginners-1.html

この例もピアノの演奏についての説明であるが、first finger の後に (thumb) と補足的に説明をつけている。つまり、first finger を親指のことを

指して使っていることが明らかに分かるのである。

　以上の事から、first finger, second finger, third finger, fourth finger がどの指を指すかは曖昧なのに、それを曖昧でなくしているのは「病院などでの医者の会話」や「ピアノのレッスン」などという使用域（register）が大きな役割を果たしている事が分かる。

　それでは、どのような使用域の場合にこのような用法が選択されるのであろうか。これに関しては更なる研究が必要であろうが、「5つの指を同等に扱う必要がある場合・分野」で、言い換えれば「親指だけが特別視されない場合・分野」で使用されると考えていいであろう。

2．jewel case と「宝石箱」

　上では同じ表現が違うものを指して同時に存在しているのに、使用域というもので曖昧さを避けている例を見たのだが、ここでは同じ表現が新しく別のものを表すようになったものを取り上げ、どのように曖昧さを避けようとするのかを見て行く事にする。取り上げるのは jewel case という表現だ。

(9) ABIGAIL: Oh, Edmund, would you bring me my ***jewel case.*** It's in the safe.

　　 EDMUND: Certainly.

　　 ABIGAIL: Large leather box, rather flossy-looking.

　　 ── *Columbo*, Season 7, Episode 1 ［テレビドラマ・スクリプト］

　この例では、アビゲイルという老女がエドモンドに金庫に入っている「宝石箱」を取って来て欲しいと頼んでいるところだ。ところが、以下の例を見て欲しい。

(10) If it just doesn't seem like a Beatles recording without the green apple somewhere on the packaging, CD labeling kits will squeeze a vinyl

album cover into a reproduction the size of a CD *jewel case* . – *The New York Times*, December 9, 1999

この例の場合には jewel case の前に CD が付いているので分かるように、「宝石箱」ではなく「CD ケース」[2]の事を指している。jewel case という表現が「宝石箱」と「CD ケース」の 2 つを指しているのは以下のような辞書の記述を見れば明らかである。

jewel case 宝石箱、宝石入れ（jewel box）──『ランダムハウス英和大辞典』
jewel case [box] 1 宝石箱. 2 （プラスチック製の）CD ケース.
──『プログレッシブ英和辞典』

以前は「宝石箱」という意味でしか使われなかったが、新しく「CD ケース」が登場して来て、それも jewel case と呼ぶようになったことは明らかだ。では、この多義性をどのようにして解消しているのだろうか。Google の画像検索を使って jewel case を調べると次のように jewel case に対してはほとんど「CD ケース」の画像しか出て来なかった。

2．曖昧性の回避について

　画像をスクロールして行くと、「宝石箱」がちらほら見られる程度である。それでは、jewel case は「CD ケース」しか表さないようになって来ているのだろうか。そうであれば、「宝石箱」は英語でどう表現するのだろうか。以下の広告を見ていただきたい。

この写真を見れば分かるように、「宝石箱」は jewel case ではなく jewelry case と呼ぶようになって来ているのである。そこで、jewelry case を画像検索してみると次のような結果が出た。

この画像を見れば一目瞭然だが、「宝石箱」は jewelry case と表現されるようになって来ている。今度は、この jewelry case に plastic を付けてみて「CDケース」を表すかどうか調べてみた。plastic jewelry case は「プラスチック製の宝石箱」を表している事が分かる。

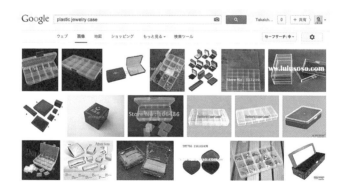

つまり、まとめると、jewel case は「宝石箱」の意味だったが、「CD ケース」を表す事もできるようになり、「宝石箱」と「CD ケース」の二つの意味の間で曖昧になり、「宝石箱」の場合には jewelry case が jewel case に取って代わられるようになり、曖昧さが回避されるようになって来ているのである。

ただし、上の辞書に同意語だと記述されている jewel box は少し事情が違うようである。こちらの方は Google の画像検索を使うと、次のように「CD ケース」と「宝石箱」の両方の写真に加えて「ジュエル・ボックス星団」が出てくる。3通りに曖昧なのである。

それでは jewelry box はどうであろうか。こちらは画像検索をすると「宝石箱」の画像しか現れない。

一つだけ例をあげておく事にする。

(11) The sheriff seems pretty certain it's just a robbery gone bad. TV equipment is gone, *jewelry box* is empty.
　── *Medium*, Season 5, Episode 8 ［テレビドラマ・スクリプト］

　ここで言える事は、jewel case に関しては「宝石箱」と「CD ケース」の2つの意味で曖昧のため、jewel case は「CD ケース」の意味に、「宝石箱」の方は jewelry case と別の表現を使って曖昧さを回避するようになって来ている。しかし、jewel box の方は、まだこの分化の途上であり、jewel box は「宝石箱」と「CD ケース」と「ジュエル・ボックス星団」の3取りの曖昧性を持っている。しかし、「宝石箱」と「CD ケース」は他の表現が存在しているが、「ジュエル・ボックス星団（jewel box cluster）」はこの表現しかないので、jewel box は「ジュエル・ボックス星団」を指すようになるのではないかと予測できる。

3．e-mail と text message

　最後に、上で取り上げた曖昧性の回避とは異質な表現の変化を取り上げる事にする。それは、日本語で言う「メール」の事である。もともと英語でのmail という単語は「郵便」という抽象的な意味を表し、具体的な「郵便物」にも使われるのだが、その場合には不可算名詞として使われている。

　しかし、electronic mail というふうに「E メール」の意味で使われるようになると、email という単語が作られ可算名詞で使われるようになった。例をあげておく。

(12) If you want to send *an email* in, we can respond to that. I have heard today that there is a Twitter team dealing with it. ── *Marketing*, November 28, 2012

2. 曖昧性の回避について

「E メール」の意味では、email だけでなく email message という表現も使われる。次の例を見て欲しい。

(13) Correction: As my colleague Brad Stone–and a number of commenters on this blog pointed out, Steve Jobs did, in fact, disclose his pancreatic cancer after he was operated on in 2004. He did so by sending *an email message* to Apple employees after his successful surgery. I still think it would have been more appropriate for the board to make the announcement to shareholders. Nonetheless, I stand corrected. ── *The New York Times*, July 6, 2009

以上のように、email というのはパソコンで送るメールの事を指すが、次のように「携帯メール」の事も指す事がある。

(14) I put down my briefcase and waited for him to approach while I checked my *e-mail* on my iPhone. He walked up to me slowly.
── Huston, *Falcon Seven*

(15) It would take forty-five minutes to cook. He showered, checked his work *e-mail* on his iPhone, then ate. – Ellison, *The Cold Room*

これで何の問題もないように思えるのだが、英語の方では「E メール」と「携帯メール」を区別しようとする動きが加速化されている。つまり「携帯メール」に対し別の表現を使いだしたのである。それが、以下のような text message という表現である。

(16) Last night you sent *a text message* to your boyfriend Tony Clark … asking if it was done. ── *CSI NY*, Season 5, Episode 11 [テレビドラマ・スクリプト]

(17) She sent ***a text message*** at 2:48.
　　　── *NCIS*, Season 8, Episode 15 ［テレビドラマ・スクリプト］

　ところが、この「携帯メール」を表す text　message も簡略化され text となってきている。例を見てみよう。

(18) Technically, Abdul never placed a call or sent ***a text***.
　　　── *NCIS*, Season 5, Episode 11 ［テレビドラマ・スクリプト］

この簡略化の一要因は動詞として使いたかったからであろう。以下のように text は「携帯メールを送る」という意味の動詞としても使われるのである。

(19) Okay, ***text*** me everything you've got on him.
　　　── *24*, Season 6, Episode 6 ［テレビドラマ・スクリプト］
(20) Gibbs: You spoke to him?

　　　Biloxi: We ***text***. He said his ship had come in, and I was supposed to
　　　buy two tickets to Mexico, get packed, and be ready to go, but...
　　　── *NCIS*, Season 7, Episode 18 ［テレビドラマ・スクリプト］

(20)は「NCIS～ネイビー犯罪捜査班」というテレビドラマからの例だが、We text. で「メールでやり取りをしている」という意味だ。
　このように、メールに関しては解釈の曖昧性がそんなに強くはないのに「E メール」と「携帯メール」を区別するようになって来ている。email が動詞で使われるように text も動詞で使われるようになって来ている。

４．まとめ
　以上、英語の表現の曖昧さをどのように回避しているかを具体例をあげて考察したが、英語語法学的に一番重要なのは、一つの表現が２つ以上のものを指

す場合、使用域によって曖昧さを回避することである。また、1つの表現が新しく別のものも指すようになった場合には、曖昧さを回避するために、別の表現で取って代わられるという現象が見られる。また、そんなに大きな曖昧さが存在しない場合にも、用法の拡大などで新しい表現に代えられ、曖昧さが回避される事がある事も考察した。

注

(0) この章は奥田（2013b）を再録したものである。

(1) 小指に関しては pinky（pinkie）と呼ぶ人も多いが、案外、和英辞典などに載せられていない。

　また、手の指に関しては日本人特有の誤解が生じることがある。例えば、How many fingers does a man have? という質問に対して twenty と答える学生がいるからだ。というのも、日本語では「手の指」と「足の指」と、どちらも「指」と呼ぶからだ。英語では、手の指は finger と呼び、足の指は toe と別の語を使って呼ぶので、この twenty は間違い。真面目な学生は thumb は finger でないので eight と答えることがある。ここで重要なのは、上位語・下位語という概念である。例えば、book が上位語で、dictionary や magazine が下位語だ。つまり、book の中に dictionary や magazine が含まれるのだ。日本語でも本の中に辞書や雑誌が分類されるのと同じだ。finger が上位語で thumb が下位語なのだ。つまり、thumb も finger と言えるのだ。

　普通、How many fingers does a man have? と聞く場合は、この上位語を使って聞いていると考えられるので、ten が正解。しかし、専門的な事を聞こうとする場合、下位語まで使って詳しく聞くことがあるので、How many fingers does a man have? は、下位語の finger を聞いていることもあるので、場合によって eight（fingers and two thumbs）が正解になる事がある。

　また、足の指は toe と呼ぶだけで区別をしないかというと、そうでもない。「足の親指」「足の小指」だけは、特別に big toe と little toe と呼ばれることが多い。例を示しておく。

〈big toe の例〉

His second toe is longer than his ***big toe***.

—— *House M.D.*, S5E4

〈little toe の例〉

A: I need one more thing.

B: Left ***little toe***?

A: Bunion.

—— *Ally McBeal*, S1E1
(2) 「CD ケース」を jewel case と呼ぶことが分かるが、いろいろな DVD のケース

をどう呼ぶかに付いては以下の広告が参考になる。
　以上の広告から、それぞれ DVD のケースの呼び方をまとめておく。

　　　　「透明の固いプラスチックのケース」は DVD Jewel case
　　　　「柔らかい半透明のプラスチックのケース」は clear DVD case
　　　　「黒いプラスチックのケース」は black DVD case
　　　　「色付きのプラスチックのケース」は color DVD case

3．形容詞とともに使われる a lot について

　この論文は、口語で最近よく見かけるようになった She is busy a lot. という表現について考察しようとするものである。まず、次の例を見ていただきたい。これは テレビドラマ『24 -TWENTY FOUR-』の一場面でジャック・バウアーが娘のキムと母親について話している場面である。

Kim: You're in trouble, Dad.

Jack: Really?

Kim: Yeah. So... is she still giving you the cold shoulder?

Jack: If by "she" you are referring to your mother, I'd appreciate it if you'd call her by her name - Mom. And, no, she's just busy.

Kim: *She's busy a lot.*

―― *24* , Season 1, Episode14 ［テレビドラマ・スクリプト］

　ここで注目したいのは キムの最後の台詞にある busy の後に a lot がついているところである。この表現は、文脈から判断すると「彼女はとても忙しい」という意味でキムは発言している。では、この表現は She is very busy. という表現とどのような違いがあるのだろうか。このことを調べるために、まず、副詞的に使われる a lot が現れる３つのタイプの文を取り上げ、その位置と意味との関係を整理する。次に a lot がどのような形容詞とともに使われ、どのような意味を持つかを、具体例をあげながら検討していくことにする。

1．a lot が使われる３つのタイプの文

　a lot という表現はもともと名詞なのだが、副詞的に使われることがよくある。例えば、Thanks a lot. は Thanks very much. と同じ意味を表し、a lot は

very much と同じ役割を果たしている。つまり、この a lot は 副詞としての働きを持っているのである。『ジーニアス英和辞典 第 4 版』には次のように書かれている。

9《略式》[a 〜／《時に》〜s; 副詞的に] ずいぶん，たいそう，しこたま.
a)［動詞修飾］ ‖ They play a 〜. 彼らはよく遊ぶ／ A 〜 you know about that! あのことをとてもよくご存知ですね《◆反語的にも用いる》. b)［形容詞・副詞の比較級を修飾］
‖ a 〜 wiser than one was 以前よりたいそう賢い.

これを見ても、She is busy a lot. という表現に関してはうまく説明できない。というのも、この表現では、be 動詞が使われていて「動詞修飾」でもないし、busy は形容詞だが比較級ではないからだ。
　『ジーニアス英和辞典 第 4 版』で取り上げられている例を見ると、次の 2 つのタイプのものである。

I. S ＋ 一般動詞 ＋ a lot
II.（S ＋ be 動詞 ＋ ）a lot ＋ 形容詞・副詞の比較級

ところが、問題の She is busy a lot. はこのタイプとは別の用法になる。つまり、

III. S ＋ be 動詞 ＋ 形容詞 ＋ a lot

という第 3 のタイプになる。つまり、a lot の副詞的な用法を記述しようとすると、この 3 番目のタイプの文を見て行かなければならない。ところが、この 3 番目の文について記述されている英和辞書は皆無である。

2．She is busy a lot. の意味

　それでは、上で取り上げた第3のタイプで使われる a lot について意味を考えてみる事にする。上で見た通り、a lot は「非常に」という意味を表しているのだが、文法的に見ると一般動詞を強調する時には文尾に a lot が来ても普通だと思われるが、be 動詞の場合にはこのような使い方は例外的である。以下の(1)〜(6)を見ると明らかであろう。

(1)　I <u>like</u> music ***very much***.

(2)　I <u>like</u> music ***a lot***.

(3)　He is *very* <u>busy</u>.

(4)　He is ***much*** <u>busier</u>.

(5)　He is ***a lot*** <u>busier</u>.

(6)　He is <u>busy</u> *a lot*.

　(1)〜(6)を見ると分かるように、一般動詞を強める場合には動詞を強める語句は文尾に置かれ、形容詞を強調する場合には形容詞を強調する語句は直前に置かれるのが普通である。ということは、(6)の文では a lot は busy という形容詞を強調しているのではないのではない事が考えられる。

　この事を考えるのに、busy の後に a lot の付いた以下の例を見てみよう。

(7)　"Seems pretty slender. You know, this voting stuff seems like it could become a lot of bother, particularly if everybody else gets to vote too. I'm pretty ***busy <u>a lot of times</u>***. Do I have to vote at all?" — John Mueller, *Capitalism, Democracy, and Ralph's Pretty Good Grocery*, p.195

(8)　They'd had to diversify and get jobs, which kept them ***busy <u>a lot of the time</u>***. Their confidence had been knocked. — *The Journal* (Newcastle, England), July 19, 2003

(9) Though they may be ***busy <u>a lot of the time</u>***, the Ashleys say they wouldn't have it any other way.

—— *Daily Herald* (Arlington Heights, IL), December 2, 2007

　以上の例から分かるように、busy a lot は busy a lot of times や busy a lot of the time の略されたものだと考えられる。つまり、busy a lot の意味は「いつも忙しい」という意味なのである。同様の例が他の形容詞でも見られる。以下は tired の例である。

(10) A: Why don't we just ask her for her keys?

　　 B: For all we know, she'll be running a meth lab out of her basement.

　　 A: I'm ***tired a lot***.

　　 B: Any other reason why you think you might have chronic fatigue syndrome?

　　 —— House M.D., Season 1, Episode 1 ［テレビドラマ・スクリプト］

(11) A: He was ***tired a lot of the time***.

　　 B: You know, lethargic.

　　 —— *Without a Trace* , Season 4, Episode 16 ［テレビドラマ・スクリプト］

　ここでも、tired a lot は tired a lot of the time の省略と考えられる。tired a lot の意味は「いつも疲れている」という意味なのである。

　つまり、She is very busy. と She is busy a lot. は両方とも「非常に忙しい」という事を表しているのだが、その違いは、前者が「忙しさの程度」を強調しているのに対し、後者は「忙しさの頻度」を強調しているのである。同じ事が He is very tired. や He is tired a lot. にも言えて、両方とも「非常に疲れている」という意味だが、前者は「疲れの程度」を強調し、後者は「疲れの頻度」を強調している。

3．形容詞とともに使われる a lot について

　この事を裏付けるのは次のような例である。次の例は、sad の前に「悲しみの程度」を強調する deeply という語が来ていて、さらに sad の後に「悲しみの頻度」を強調する a lot が付いている例である。

(12) Sometimes someone says, "You're such a happy poet," because I seem to be a happy man and, "You're so unusual, most of the other poets seem to be pessimistic or negative and you seem so happy." I'm a—I'm a little amazed by that appraisal of myself, for I think, essentially, I am a sad poet, but I'm a happy man. I'm also a sad man. I dance a lot and I sing a lot and I'm joyous a lot and I cry a lot. I'm ***deeply sad a lot***. It depends a lot on what's happening to me in my life and what my mood is and what I'm remembering. It's a lifetime of tearful singing.
—— John Rodden, *Performing the Literary Interview: How Writers Craft Their Public Selves*, p.245

3．どのような形容詞が使われるのか

　それでは、She is … a lot. という表現ではどのような形容詞が使われるのであろうか。まず、He is very tall. とは言えても *He is tall a lot. とは言えない事は、上で見た意味から考えても分かるであろう。
　実際に使われている用例を見てみる事にしよう。上にあげた busy や tired や sad の他に以下のような形容詞が使われる。

(13) absent a lot
Jamie is ***absent a lot*** and Alice has just come to the school; 'perhaps that's why they don't take part in the presentations at the end of the unit'. —— Richard Dunne &Ted Wragg, *Effective Teaching*, p.38

(14) alone a lot
Columbo: And you can train any dog to do that?

B: If he's smart enough, yeah.

Columbo: Even a dog like mine? Back there in the car? Just a regular dog? My wife, she's **alone a lot**, me working nights and all. We were thinking of training him up to be a guard dog.

—— *Columbo* , Season7, Episode 4 ［テレビドラマ・スクリプト］

(15) **anxious a lot**

PATIENT: The cost is that I'm **anxious a lot**. And the benefits—I don't know, maybe that I can catch something wrong sooner. —— Robert L. Leahy, *Cognitive Therapy Techniques: A Practitioner's Guide*, p.125

(16) **empty a lot**

"The parking lot has been **empty a lot** when you go by the last few years," McNulty added. —— *Daily Herald* (Arlington Heights, IL), July 8, 2011

(17) **late a lot**

My bus is **late a lot**, I have a right to glare. Photos from Inge Frissen … —— www.myspace.com/blackgenevieve/photos/41982223

(18) **lazy a lot**

They are willing fellows, but have no influence with their men and no authority over them —— and they are as stupid and **lazy a lot** as possible.

—— Margery Perham, *The Diaries of Lord Lugard* - Vol. 4, p.117

(19) **right a lot**

Joe must stay: Critics like you can't stand the fact that Paterno wins all the time and makes you look foolish for saying he's so out of touch. He's also **right a lot**. Like when he said last November that his team "would be in the thick of things for a national championship" this season. —— *Tribune-Review/Pittsburgh Tribune-Review*, October 24,

3. 形容詞とともに使われる a lot について

2008

(20) **sick a lot**

A: Lydia's been ***sick a lot*** lately.

B: Shut your mouth.

── *ER*, Season 3, Episode 10 ［テレビドラマ・スクリプト］

(21) **sleepy a lot**

"But the problem is I'm ***sleepy a lot*** as the baby wakes up all the time and when you're sleepy you want something yummy, like a big slice of Victoria sponge. ── *The Mirror* (London, England), November 5, 2011

(22) **unhappy a lot**

A: I need to ask you something, Bobby.

B: Your mother, she's ***unhappy a lot***.

A: Would you like it if her pain could stop?

B: Because I can make that happen.

A: Do you want me to help your mom?

B: That's good, Bobby.

── *Criminal Minds*, Season 7, Episode 5 ［テレビドラマ・スクリプト］

(23) **wrong a lot**

A: Charlie's not ***wrong a lot***.

B: I'll give him that.

── *The Numbers*, Season 6, Episode 11 ［テレビドラマ・スクリプト］

以上のように、absent, alone, anxious, empty, late, lazy, right, sick, sleepy, unhappy, wrong などの形容詞とともに使われている。a lot が「頻度」を表しているので、使われる形容詞はその時々で変化する人または物の状態を表すものである。この用法が比較的新しいもののようなので、コーパスなどで多くの実例を見つけるのは難しいが、意味内容から always と共起できる形容詞ならば使えると判断してもいいであろうと思われる。

４．動詞から派生した形容詞の場合

　上で見た形容詞の他に、動詞から派生した形容詞もこの形で使われる。まず、bored の例を見てみよう。

（24）bored a lot

My sister Ann and I were ***bored a lot***. We were always being made to stay put in places where there was nothing to play with.

── Ladelle Mcwhorter, *Bodies and Pleasures: Foucault and the Politics of Sexual Normalization*, p. 57

　この例を見れば分かるように、bored a lot も「退屈である頻度」を強調している。後に続く文で always が出て来ていることからも分かるであろう。

　ところが、動詞から派生した形容詞の場合には少し問題がある。上で見た『ジーニアス英和辞典 第４版』には［形容詞・副詞の比較級を修飾］と書かれていたが、動詞から派生した形容詞の場合には比較級でなくても a lot が前に付けられる[1]。さらに、後に a lot が付けられる事もあるのだが、意味に関しての曖昧さを含んでいる。

　次のように、shocked や surprised は前に a lot を伴って使われる事がある。この場合はもちろん「程度」を強調している。

（25）"We were ***a little bit shocked*** and ***a lot surprised***," Steve Kutschat said. "So I said, 'We'll get you books.' " ── *Daily Herald* (Arlington Heights, IL), July 5, 2006

（26）"This is a tough meet. I'm ***a little surprised***," said Reddell said. "No, I'm ***a lot surprised***." ── *Daily Herald* (Arlington Heights, IL), May 10, 2003

また、surprised の後に a lot が使われる事もある。例を見てみよう。

38

3. 形容詞とともに使われる a lot について

(27) "I knew that he was going to miss before me. I was **surprised a lot**. This was the biggest match we have played against each other."

—— *Evening Chronicle* (Newcastle, England), July 18, 2005

(28) From a detached perspective, newcomer Luc Longley marveled at what he was seeing. "People had a lot of respect for Scottie (before this season)," said Longley, who came to the Bulls from Minnesota in a trade Feb. 23 for Stacey King. "His game speaks for itself. But I'm **surprised a lot** by what I see in Scottie. I didn't have the respect for his game that I do now. I didn't realize he could distribute the ball so well and that he was so consistent. I always thought of him, with his speed and his dunks, as a great finisher. But he's so much more than that." —— *St Louis Post-Dispatch* (MO), May 1, 1994

この例を見れば分かるように、この surprised a lot は「頻度」ではなくて「程度」を強調している。ということは、surprised に関しては、前に a lot が付いても後に a lot が付いても、位置に関係なく「程度」を表す事があるのである。

次に tired の例を見てみよう。surprised と同じように a lot は tired の前にも後にも現れる。

(29) THE RESULT: An immediate improvement, which continues over the next few days, but overall, it's not dramatic - I now look **a bit tired** rather than **a lot tired**. By filling out the hollows in the lower part of my eye socket, I now have hollows that are a little deeper but higher up, however, I do look fresher. —— *The Mirror* (London, England), March 18, 2010

(30) Although I enjoyed it —— loved the pay check and feelings of self-worth —— I sincerely missed my daughter. I was **tired a lot, stressed**

39

a lot, felt as though I never had enough time in the day or on the weekend. (PM2) ── Martha Hahn Sugar, *When Mothers Work, Who Pays?*, p.80

(29)の a lot は前に置かれているので「程度」を強調している。ところが、(30)の方の a lot も「程度」を強調しているのである。しかし、上の(10)で見たように後に a lot が付いた場合に「頻度」を表す事もあるので、文尾の a lot は曖昧であると言える。

　次例の worried と anxious はどうであろうか。この例も文尾に a lot が使われているが「程度」を表しているようである。

(31) If I could go back and talk to that kid though, I would just tell him to just chill out a little bit. I was just nervous as all hell. I was really ***worried a lot***. I was ***anxious a lot***. ── *Daily Herald* (Arlington Heights, IL), February 8, 2013

ここで問題をより複雑にする事が起きている。というのも、上で見たように元々の形容詞の場合には、後ろに置かれた a lot は「頻度」を強調するはずなのに、この(31)の例では「程度」を強調している。これは、前の動詞から派生した worried に付く a lot が「程度」を表すので、その影響を受けて「程度」の意味を持つのである。

　それではなぜこのような現象が起きるのだろうか。動詞から派生した形容詞であるとい事が大きな要因である。というのも、一般動詞と一緒に a lot が使われた場合、程度を表さない動詞（nondegree verbs）の場合には(32)(33)のように、その動作の「頻度」を強調するが、そうでない場合には(34)(35)のようにどちらの解釈もあり、(36)(37)のように両方に取れるものまである [cf. Bolinger (1972: 239-41)]。

3．形容詞とともに使われる a lot について

(32) They play a lot.［頻度］

(33) It happens a lot.［頻度］

(34) This cloth stretches a lot.［程度］

(35) He drilled the panels a lot.［頻度］

(36) It attracts me a lot.［程度］［頻度］

(37) It hurts a lot.［程度］［頻度］

このような状況のため、動詞から派生した形容詞の場合には両方の解釈ができるため、意味が曖昧である事が多い。そのため、意味を明確にする工夫がなされることがある。次例を見ていただきたい。この文では、I missed him a lot. と程度を表す動詞が使われているため、この a lot は「程度」に解釈される。その次に I was worried と来ているが、上で見たように「程度」の解釈が行われると次も「程度」の解釈を並行的にしてしまうのが普通である。そこで「頻度」の解釈を促すために a lot という省略された表現でなく a lot of the time という完全な表現を使う事により並行的な解釈を避けているのである。

(38) "I missed him a lot and I *was worried a lot of the time* because I was entirely on my own with two young children. —— *Evening Chronicle* (Newcastle, England), December 22, 2004

5．まとめ

以上のように、形容詞とともに使われる a lot という表現を見て来たわけだが、副詞的に使われる a lot の現れる文とその意味についてまとめると以下のようになる。

I. S ＋ 一般動詞 ＋ a lot

　a lot は「頻度」の強調だけでなく「程度」の強調の場合もある[2]

II. (S ＋ be 動詞 ＋) a lot ＋ 形容詞・副詞の比較級

41

a lot は「程度」の強調

III. S + be 動詞 + 形容詞 + a lot

1）元々の形容詞の場合：a lot は「頻度」を強調する

2）動詞から派生した形容詞の場合：a lot は「頻度」の強調だけでなく「程度」の強調の場合もある

注

(0) この論文はもともと Salt Lake Community College 専任講師の簔隆氏との共著奥田・簔（2013）の論文であるが、氏の許可を得てここに再録する。

(1) 「形容詞・副詞の比較級を修飾」という事に関しては、＜ S + be 動詞 + a lot + 形容詞・副詞の比較級＞というタイプの文で比較級でなくても使われる形容詞がある。代表的なものが different という形容詞だ。この形容詞がそのまま使われるのは、比較の意味を内在しているからである。他に like, alike などもあるが、これも比較の意味を内在しているからである。

(2) この「頻度」と「程度」の解釈に関しては、動詞の種類によりある程度決定されるが、どちらにも解釈できる場合もある ［cf. Bolinger (1972: 239-41)］。

4．口語英語の定型表現について

　現代英語を見て行くと、現代英語の文法を無視したような様々な表現に出会う。特に、口語英語では多用されている。そこで、この章では口語英語に見られるそのような定型表現の実例を取り上げ、その使用の特徴や要因などを考察する。

1．定型表現の英語語法学的分析

　世界のどの言語においても、古い表現の名残や古い文法に基づいた表現が現代においても使われている。例えば、日本語の例を見てみると、「止むを得ず」という表現は「しかたなく」という意味だが、「しないですませる」という意味の「やむ」という現代日本語ではフォーマルな場合しか使われない表現と、「えず」という「える」という動詞に古語の打ち消しの助動詞「ず」が付いた表現である。ところが、現代日本語では定型表現として、フォーマルな状況以外においても、そのような背景を無視してかなり頻繁に使用されている。

　同じようなことが英語においても見られるので、以下で具体例をあげながら、その使用の特徴を探っていくことにする。

2．SV(O) not

　古い英語の文法がそのまま残されているという表現がいくつかある。典型的な表現は否定の not が動詞の後に来る用法である。動詞の否定の形を歴史的に見てみると、次のようになる。これは中尾俊夫著『英語発達史』p.164 の表を簡素化したものである。

OE	Ic ne secge
EME～15c	ne seye not

LME	I say not
15c〜EModE	I not say
16c〜	I do not say
17c〜	I don't say

つまり、SV not という語順は後期中英語で使われていた語順なのである。ところが、現代英語でも限定的であるが使用されている。以下に、具体例を見て行こうと思う。

2.1. I think not / I hope not

Carter et al. (2011: 487) には以下のような記述がある。

We can find *believe not, expect not* and *think not* in classic literature and in very formal situateion, but it is not common in everyday modern English: ….

この記述によれば、I think not. という表現は「古典文学」や「非常に形式張った状況」で使われ、日常の現代英語では使われないようであるが、以下のように予想外に使われている。

(1) It is probably good for her to have some time away from her parents. So you're saying we shouldn't just bust in there?

   I think not.

   —— *90210*, S1E13[1]

(2) A: She never showed up for it.

   B: Vampire?

   A: *I think not.*

   —— *Buffy Vampire Slayer*, S1E9

(3) A: You are not tearing me away from my molecular gastronomy

genius.

B: ***I think not.***

A: It's what we were counting on.

―― *Leverage*, S5E4

(4) A: Did Mrs Barsini usually take out the lenses before she went swimming?

B: ***I think not.***

A: Most people do.

―― *Columbo*, S9E1

この表現が現代英語でも使われ続けているのは、I think not. という表現が I don't think so. よりも否定的な意味を強く表せるため、否定の意味を強調する時に好まれるからだと思われる。一般的に、I think Tom is not a good doctor. という表現よりも I don't think Tom is a good doctor. の方がよく使われるのは、後者の方が遠回しの表現だからである。前者の I think の後の Tom is not a good doctor. において否定の意味が直接的に表現されているため、日常のコミュニケーションにおいては避けられる。ところが、くだけた会話においては直接的に否定を表したい時に、この形式が次のように使われるのである。

(5) I'll toss it all overboard if it means winning .... and ***I think that's not true***, and I'd ask you to support that with evidence.

―― *The West Wing*, S4E12

同じような動機で、I think not. という表現が、否定的な意味を直接的に表したい時に使われるのだと考えられる。同じ事が I hope not. という表現にも当てはまる。

(6) A: It's wrong for me to be punished for your wife's problem.

B: So you're suing me?

A: *I hope not.*

—— *Ally McBeal*, S1E4

2.2. She loves me not

SVO の後に not が来ることもある。典型的に用いられるのは He (She) loves me not. という表現である。例を見てみよう。

(7) A: *She loves me. She loves me not. She loves me. She loves me not.* I'm not a nurse-in-training, I'm a nurse-in-decorating.

B: Valentine's Day. Can I help?

—— *ER*, S1E17

これは、花びらを一枚ずつちぎりながら恋占いをするときに使われる表現だが、花びらを一枚ちぎるごとに肯定文と否定文を繰り返し、最後の一枚の時に当たる文の内容が運命を表しているというものだ。

(8) Finn: That's weird. See, traditionally only single girls line up to catch the bouquet. *She loves me.*

Rachel: I am single.

Finn: You live with a guy. *She loves me not.*

Rachel: Have you been drinking?

Finn: You know, you were the one who told me to stop moping around and being such a sad sack. *She loves me.* And it got me thinking about Will and Emma. About how relationships are a lot like flowers. If you find the right seed, put it in good soil, give it water and sunlight... bam, perfect bud. *She loves me not.* And then comes winter and the flower dies. But if you tend that garden, spring will come along and that flower will bloom again. ***She loves me.***

Rachel: Are you telling me that you want to be a gardener?

Finn: I'm asking you how you can live with a guy but still be single. ***She loves me not.***

Rachel: Come on, it's New York, okay? Haven't you ever seen Sex and the City? Brody and I had a very mature conversation. We just decided that we're not gonna, you know, put any labels on anything or worry about what we are.

Finn: ***She loves me.*** So, do you really believe all that stuff you tell yourself about, you know, labels and mature conversations, Sex and the City, really? ***She loves me not.***

Rachel: You think I'm lying to you?

Finn: I think you're lying to yourself. ***She loves me.*** And I think that the reason you can't really commit to Brody is because you're still in love with someone else. ***She loves me not.***

— *Glee*, S4E14

以上のように、続けてすぐ後に言わない場合もあるが、肯定と否定の文を繰り返す。その場合に否定文では She loves me not. と not が目的語の後に置かれるのが普通である。これも、I think not. の時と同じように、end-focus という英語の特徴において、否定をはっきりと表現したいということから、この古い形式が今でも使われているのだと推測される。つまり、「花びら占い」では典型的に SVO と対照する形で SVO not という形式が現代英語でも普通に使われているのである。

しかし、以下のように花びらでなくても「恋占い」の場合には同じような表現が使われている。

(9) Bell Captain: Hello, sir. Yes. She's, uh, on her way up.

George: Thank you very much. *She loves me. She loves me not. She loves me. She loves me not. She loves me.* Operator, this is a bit embarrassing, but I've… I've swallowed some pills by mistake. I think you need to call an ambulance.

── Desperate Housewives, S2E9

この場面では、睡眠薬を 1 錠ずつ飲みながら花びら占いのように She loves me. She loves me not. と肯定と否定の対比をしていることである。つまり、否定との対比を強調したい時に使われるのである。ここまで見て来ると、肯定と否定の対比の表現が並列する時のみこのような She loves me not. という形が現れると思ってしまいがちだが、実際には以下の例のように対応する肯定の形が先行していない時にも使われる。

(10) A: All right. Well, see you around.

B: Yeah, see you around.

A: He *loves me not*. Still not loving me.

── *Hanna Montana*, S1E16

この例を見れば分かるように、「花びら占い」でない時に He loves me not. と、単独で使われている。つまり、この表現は否定を強調したい時に使われるということが分かるのである。

2 . 3 . I kid you not.

さらに、現代英語で SVO not という表現を探すと、最近よく口語で使われている I kid you not という表現に出くわす。次の例を見て欲しい。これは、「冗談はやめてくださいよ」という表現に対して、「冗談で言ったのではありませんよ」ぐらいの意味で使われている。

(11) A: You've gotta be kidding me.

B: *I kid you not.*

—— *NCIS LA*, S1E3

このように、相手の「冗談でしょう？」という内容の問いかけに答える場合だけでなく、以下のように「これは本当なのですから」と自分の発言の信憑性を主張する場合にもよく用いられている。

(12) I gotta go. It's not safe here. *I kid you not.*

—— *The Closer*, S2E10

(13) She ruined my last show and two hours later, the delivery boy killed her. And *I kid you not.* – *Monk*, S4E10

(14) Two blind guys got a little bit of sight back. *I kid you not.*

—— *The Big C*, S2E7

この表現も、上の表現のように否定を強めたい場合に使われていることが分かる。

2. 4. その他の SV(O) not. という表現

それでは以上の他に SV(O) not という表現はどのような動詞で使われるのだろうか。ブルンナー（1973: 67）には次のような記述がある。

know, care, doubt その他類似の動詞では後置の not を持つ古い語順が多かれ少なかれ固定的な結合、特に I know not how, I doubt not, if I mistake not, I care not のように目的語が続かない時に、さらに I hope not, I think not などのように、先行の文に対する短い答えや評において、今日まで保たれてきた。これらでは not に強勢が置かれる。

これを見ると、上で取り上げた I think not や I hope not については当てはまるが、この本の書かれた時点からかなり時間が経っているため、変化が起きているようである。

　最新のデータを検索して点検してみると、この傾向は変化していて、I doubt not, if I mistake not のような表現は使われなくなってきている。しかし、ここにあげられている know や care という動詞は後に not が付けられて使われれている。まず、know not の例を見てみることにする。

(15)My brother Munin trapped me in that jar soon as you got on that train. Where it is now, *I know not.*
　　── *Lost Girl*, S4E9

(16)A: It smells like ass in here, yo.
　　B: Yo?
　　A: Who is this Yo of whom you speak?
　　B: *I know him not.*
　　── *Bones*, S4E15

(15)のように I know not. と使われるが、(16)のように目的語があり、その後に not が付いて使われることもある。また、次の(17)(18)のように not の後に疑問詞が付いたり、不定詞が付いたりすることもある。

(17)Well, we're all summoned to the conference room, I *know not why*.
　　── *Medium*, S3E5

(18)And I *know not* to use the snack machine on 3,
　　── *ER*, S15E16

(18)は、I don't know how to use … という意味で使われている。また、次の(19)のように、what they are という目的語が続くこともあるようだ。

4．口語英語の定型表現について

(19)"We are aware of that, and we are confident of your devotion. Be at peace, Aref. Great things are happening. *I know not what they are*, merely that they are under way, and at the proper time, your act will be the capstone of the Holy Jihad. Mahmoud Haji sends his greetings and his prayers." —— Tom Clancy, *Executive Orders*, p.656

もう一つが I care not という表現だ。この表現は I care not. という形でしか使われないようである。

(20)They gaped at her, counterfeit laughter disappearing in shock.

"No!" Louise whispered. "Are ye mad? Ye know what'll happen!"

"No, and neither do you," Jenna said. "Besides, *I care not.*" She half-turned and held her hand out to the mouth of the ancient hospital tent. It was a faded olive-drab in the moonlight, with an old red cross drawn on its roof.

—— Stephen King, *Everything's Eventual*, p.200

(21)"Ghost!" Flagg shrieked. "Ghost or demon from hell, *I care not!* I killed you once! I can kill you again! Aiiiiyyyyyyyyeeeeee-!"

—— Stephen King, *Eyes of the Dragon*, p.224

ブルンナーの記述に載せられていないが、現代英語の口語で見つかった例を以下にあげておく。

(22)*He wants me not.* He wants me little. – *Satisfaction*, S2E9

(23)So he dumps it? We get a whole van full of new evidence. Or he hightails it out of town, which *helps us not*.

—— *Law & Order SVU*, S2E15

(24)A: This is excessive by any means, Larry, but it's also quite awesome.

51

B: No, it's emptiness itself.

A: This *tempts me not*.

B: Oh, I may have to take back a portion of what I just said.

── *Numb3rs*, S4E2

3. What say ...?

次に取り上げたいのが、What say you? という表現と What say + SV? という表現である。現代英語の観点からすると、文法的にはおかしい表現なのだが、実際には使用されている。

3.1. What say you?

What say you? という表現も、古い英語の名残である。これは疑問文を作るための助動詞 do が導入される前の形である。「彼はそこに行きましたか」は古くは Went he there? と使っていた。「王は何を殺したのか」という場合には What killed the king? と使っていた。What say you? という表現は現代英語の普通の英語では What do you say? となるところである。例を見てみることにする。

(25) Judge: Has the jury reached a verdict?

Foreman: We have, Your Honor.

Judge: *What say you?*

Foreman: We find the defendant ... not guilty on all charges.

── *Person of Interest*, S1E5

(26) Judge: Has the jury reached a verdict?

Foreman: We have, Your Honor.

Judge: *What say you?*

Foreman: In the matter of The People of The State of Illinois v. Lincoln Burrows, on the count of murder in the first degree, we find the defendant guilty.

—— *Prison Break*, S1E16

よく見てみると、What say you? という表現が使われるのはほとんど法廷の場であり、この方言を使用するのは裁判官である。(25) も (26) も、同じような表現が使われているのが分かるであろう。まず、裁判官が「評決に達しましたか？」と陪審員に聞き、それに対し陪審員長が「達しました」と答え、その次に「それでは、評決を聞かせて下さい」という意味の What say you? という表現が使われ、有罪か無罪かが述べられるのである。

しかし、この表現も法廷に限られるわけではなく、次のように法廷でない場合にも用いられている。

(27) A: Next up is Malik from Palmerston. **What say you, Malik**?

B: A'ight, yeah, man. I don't think they should be called the Beavers anymore.

—— *Leverage*, S2E14

この例は、ラジオ番組の電話コーナーのもので「次の電話はマリクからのものだ。どのような意見かな？」と聞いている。

(28) A: Sweet, simple Brittany. **What say you?**

B: Uh ... I love you. I love you so much, McKinley High School.

—— *Glee*, S4E3

これは、生徒会の会長候補に立候補した学生が自分の意見を述べた後で、司会担当の教師が、対立候補の応援演説者に「ブリトニー、あなたの意見は？」と尋ねている場面である。

もう一つ例を見てみよう。

(29) But I do intend to tell him of your huge talent, and to urge him to let you score his next movie on your own. He'll listen to me. ***What say you?*** Bit of a shock, huh?

—— *Columbo*, S10E13

この場面は、若い作曲家に「君の素晴らしい才能を説明して、次の映画で作曲させるように話してみる。どうだい？驚いたかい？」と話している場面だ。「君の感想は？」という意味で使っている。

　また、次のように to … を伴って使われることもある。「～に対する君の意見は？」と聞いている場面だ。

(30) A: We're having a fight with him?

　　B: Don't get him started.

　　A: Joey, ***what say you to the position*** that with ethnic warfare spreading......it will eventually reach our shores......and making English our official language......safeguards our national identity and avoids ethnic strife?

　　That's what l deal with.

—— *The West Wing*, S1E21

3.2. What say + SV?

　次に What say you? と似た形をしている What say + SV? を見てみることにする。これも、What do you say + SV の do you が省略されたもののようだ。例を見てみよう。

(31) A: ***What say*** we both move onward and upward, if you know what I mean?

　　B: You know, Vincent, I'm really glad we met.

4．口語英語の定型表現について

―― *Medium*, S3E9

(32) And while we wait for the Humane Society to show up, **what say** we check in on the volleyball player.

―― *House M.D.*, S1E21

(33) A: Thanks for your help.

B: Yeah, no problem. Hey, listen. **What say** you and me go get a cup of coffee some time?

A: No, thanks.

―― *The Mentalist*, S2E17

この What say + SV? という表現は What do you say that …? という表現と同じように「～しよう」「～するのはどうかな？」という意味で使われている[2]。

4．Says who? と Says me. Says you.

現代英語のくだけた口語でよく使われるのが Says who? という表現だ。Who says that? という表現が省略されて使われているように考えられるが、その意味合いと用法を見て行きたい。それに関連して、Says me. や Says you. という非文法的な表現についても考えてみたい。

4．1．Says who?

今、述べたように Says who? という表現は Who says that? という表現が元にあると思われるが、この二つの表現の用法の違いはどうなのだろうか。例を見てみよう。まず、Who says that? という表現を見ることにする。

(34) A: You know, as people say, if it rhymes, it chimes.

B: **Who says that?**

A: No one says that.

―― Veep, S2E6

55

(35) A: So they say that the most complicated problems often have the simplest of answers.

　　 B: *Who says that?*

　　 A: Uh, the instruction booklet.

　　 —— Royal Pains, S2E17

(36) A: They say that means you have a well-developed feminine side.

　　 B: Mmm! *Who-Who says that?*

　　 A: Psychologists.

　　 —— Bones, S2E17

以上の３つの例を見ても分かるように、Who says that? は本当の質問で、誰かという答えを期待している。そのため、(34)では「誰も言ってない」、(35)では「説明書に書いてある」、(36)では「心理学者が言っている」と具体的に答えている。

　次に、Says who? の用例を見てみよう。

(37) A: Mrs. Hudson! Dr. Watson will take the room upstairs.

　　 B: *Says who?*

　　 A: Says the man at the door.

　　 —— *Sherlock*, S1E1

このように、確かに Who says that? と同じように誰であるかを問うている場合もある。しかし、以下の用例を見ていただきたい。

(38) Monk: Hmm. He's left-handed.

　　 Stottlemeyer: Well, yeah. He works in the circus.

　　 Monk: What's that supposed to mean?

　　 Stottlemeyer: They're freaks. They're all ambidextrous.

4．口語英語の定型表現について

Monk: ***Says who?***

Stottlemeyer: Circus people are ambidextrous. I read that somewhere.

―― *Monk*, S2E4

この場面は、犯人は右利きだということなので、探偵のモンクが容疑者の行動を観察して「彼は左利きだよ」と言ったところ、署長のストットルマイアーは容疑者は「両手利きなんだ」と答えている。モンクが「なぜそんな事が分かるんだ？」と言うと「サーカス団員は両手利きだと何かで読んだ」と答えている。この例で分かるように、Who says that? と違い、誰が言っているかを問うているのではなく、「なぜそんな事が言えるんだ」と言う意味で使っている。もう少し例を観察してみよう。

(39) A: Would you please put out that cigarette? It's really not allowed.

B: Oh, yeah? ***Says who?*** Oh, God, sorry! Didn't see the sign.

―― *Buffy the Vampire Slayer*, S5E4

「喫煙は許されてないよ」と言われて、「なぜ？」と答えて、その後、掲示を発見し、謝っている場面だ。「そんな事、誰が決めたの？」とも訳せるが、決めた本人の名前を聞いていないことは確かだ。もう一例見てみよう。

(40) A: It's beautiful. I think you should wear it … to the dance.

B: No. I can't go to the dance.

A: ***Says who?*** Is it written somewhere? You should do what you want.

―― *Buffy the Vampire Slayer*, S1E12

Aがドレスを見て、「これを着てダンスパーティに行きなさいよ」と勧めているのに、「いや、行けないわ」と言うので、「何で？どこかに書いてあるの？」と反論している。この例も、「言っている人」を問うていないのはあき

57

らかだ。その後の Is it written somewhere? という言葉から分かるように、根拠を聞いているのである。

(41) Really? *Says who?* Where is the evidence for such a sweeping statement?
—— *The Birmingham Post* (England), July 29, 2008

ここでも、Says Who? の後に発せられた Where is evidence for …? という表現から分かるように、根拠を聞いている。
次の例を見てみよう。

(42) Booth: You okay?
Temperance: I'm okay.
Booth: Well, we can't do the show now.
Temperance: What? No. The show must go on.
Booth: *Says who?*
—— *Bones*, S4E12

この場面は、FBI 捜査官のブースと法人類学者のテンペランスが、芸人に化けてサーカスに乗り込み、パフォーマンスを行おうとしている場面で、ブースの方はパフォーマンスを止めようと提案するが、テンペランスの方は「何を言ってるの？絶対にやるわよ」というので、「正気か？」と聞いている。ここでは、「誰」という概念がなく、「本気で言ってるのか」とか「正気なのか？」ぐらいの意味を表している。
次の例も、

(43) A: I am your friend. And I didn't do anything, so just back off. But you wanted to. You wanted to do something.

B: *Says who?*

A: Just admit it.

B: Admit what?

——*90210*, S1E24

　AがBに対して、「友達だから何もしなかったが、君は何かしたかったんだろ」と言うと、Bは「なぜそんな事が言えるの」と反論している。これも、根拠を聞いている。

　さらにもう一例見てみる事にする。この例では、「なぜあなたは私の言葉を信じてくれないのですか」と聞くと、「真実を言っているとは思えないからだ」と答えたのに対し、Says who? が使われている。「なぜそう思うのですか」という意味から、さらに「理解できないなあ！」くらいの意味で使われている。この意味は、その後の発言を見れば、「わざわざ嘘をつく必要がない理由」を述べていることから判断できる。

(44)"Coral? No way. She don't hang out with bums like that. I'd break her
　　 neck. I don't get why you're goin' on and on about this. I told you I
　　 don't know nothin'. I didn't see him, didn't hear from him. Why can't
　　 you just take my word for it?"

　　"Because I don't think you're telling the truth."

　　"*Says who?* I mean, you came lookin' for me, remember? I don't
　　 have to talk to you. I'm doin' you a favor. I don't know who you are. I
　　 don't even know what the fuck you're up to."

　　—— Sue Grafton, *D is for Deadbeat*, p.73

　以上のように、Says who? という表現は、「誰がそう言っているの？」という文字通りの意味でも使われるが、「信じられないなあ」「本当に？」「本気で言っているの？」「何でそう言えるの？」という多様な意味で使われることの

方が多い。

4.2. Says me.

すでに、上の(37)で見たように、Says who? に対して「〜という人が言っ
ている」と答えるときもある。再度同じ例をあげておく。この表現を見れば分
かるように、Says the man at the door. は The man at the door says. の主語
と動詞が倒置された形である。これは、Says who? という表現に呼応させる
ためである。(45)のように目的格の代名詞が使われる事も多い。

(37) A: Mrs. Hudson! Dr. Watson will take the room upstairs.

　　 B: *Says who?*

　　 A: *Says the man at the door.*

　　 ── *Sherlock*, S1E1

(45) "That year people wrote us off and said we can't play basketball down
here and we're not very good," Hancock said. "They said, 'The best
basketball is played in the Metro League.' *Says who? Says them*, and
that's understandable. This will be a good opportunity, we'll find out if
we are as good as our ranking."

　　 ── *The Register Guard* (Eugene, OR), March 1, 2006

もちろん、次の例のように普通の語順で I do. と使うこともある。

(46) A: You deliberately got yourself admitted, didn't you?

　　 B: *Says who?*

　　 A: *I do*, and I'm mad.

　　 ── *Lie to Me*, S3E9

ところが、ここで注意しなければならないのは、Says 〜. という語順での表

現についてである。例を見てみよう。この2つの例を見れば分かるように、Says me. は Me says の倒置の形なのであるが、一人称の主語には say となるはずが、says となっている。これも、Says who? という問いに呼応した形であり、非文法的ではあるが、許容されやすい表現のようである[3]。

(47) Max: He's not going anywhere until he comes through and fingers the boss for Eyes Only.

Cynthia: *Says who?*

Max: *Says me.*

── *Dark Angel*, S2E15

(48) A: You need to step up and admit the drugs were yours.

B: *Says who?*

A: *Says me.*

── *90210*, S1E7

もう一つ、この例で見ておかなければならないのは、Says me. は「私が言っている」という情報を伝えるだけでなく、「私の命令なんだ」という意味を表しているという点である。(47)では、主人公のマックスが敵のシンシアに、シンシアの好きな男は「ボスの名前をアイズオンリーに密告しないとどこにも行かないよ」と言ったら、シンシアが Says who? と発話し、それに Says me. と答えている。「誰がそんなことを言ってるの」「私よ」という意味から派生して、この場面では「それは命令?」「そう、私の命令よ」というような意味の対話になっている。

4．3．Says you.

Says me. という表現を見たが、次に Says you. という表現を見てみたい。Says you [who]! という表現は「まさか、そんなことあるものか、よく言うね」と『ジーニアス英和辞典 G4』にある。感嘆符になっているが、『ウィズダム英

61

和辞典』には Says who? と疑問符付きで取り上げられていて、「((話)) (そんなことを言うなんて) 何様のつもりだい、何だって、まさか」となっている。

この解説によると、Says you. と Says who? が同じような意味で使われるように思われる。しかし、次の例を見ていただきたい。

(49) Susan: Maybe if I find him, I tell him, and then he'll stop her.

A: That's a very bad idea.

Susan: *Says you.*

—— *Desperate Housewives*, S8E14

スーザンが「彼に話したら、彼が彼女を止めてくれるだろう」と言うと、「それはひどい考えだ」と自分の意見を述べた。それに対し「どうかしら」と反論している。

(50) Dr. Reid: This is impossible.

Garcia: *Says you.*

Dr. Reid: There's nothing in the juvenile offender records.

Garcia: So you think like a high school kid. I was 12, and I hadn't been through puberty when I was in high school.

—— *Criminal Minds*, S2E11

この例も、リードが「無理だ」と言ったのに対して、「そうかしら？」と反論している。もう一つ例を見てみよう。

(51) Artie: How much time do we have?

Mrs. Frederic: Whether it's next week or next year, it's irrelevant.

Pete: *Says you!*

—— *Warehouse 13*, S5E6

アーティが「倉庫が移転するまでにはどのくらい時間があるんだ」と聞いたら、時間なんか重要でないと言うので、ピートが「それはあなたの考えだろう」と反論している。「そんなことはないぞ！」ぐらいの意味を伝えている。

Says you. は文字通りの「あなたが言っている」という意味から「あなたが言っているだけでしょ」→「そうだろうか？」→「そんなことはないぞ」という意味で使うようになってきているのである。

このように、Says you. は『ジーニアス英和辞典 G4』や『ウィズダム英和辞典』の記述とは違い、相手の発言に反論するときに使われ、「そんなことはない」という意味で使われるのである。

また次のように、Says you. という表現に対して、Says me. と発言する例も見られる。

(52) Jane: You can't trust these guys.

Kim: Jane.

Jane: I mean, they mean well. And they'll find your husband if you let them do their thing.

Kim: *Says you.*

Jane: Yes, *says me.*

—— *The Mentalist*, S6E10

連邦準備銀行システムの暗号プログラムを作成した男の行方が分からなくなったので、その妻を訪ね、ジェーンが「FBI 捜査官を信用できないのだろうね」というと、FBI 捜査官のキムがたしなめるが、「協力してくれればご主人を見つけてくれるよ」と話す。それに対し、キムが「あなたが言っているだけでしょ」と言い、ジェーンが「そうだ」と答えている。

(53) A: You think I'm kidding?

B: Am I?

63

A: The memo was news.

B: *Says you.*

A: *Says me, says my editor, says Time, says Newsweek.*

── *The West Wing*, S1E20

　この場面は、AがBに「からかっていると思っているんでしょうけど、そのメモは重要な情報だ」と言っている。Bは「あなたが思っているだけでしょう？」と述べると、「いや、私だけでなく、編集者も、雑誌のタイムやニューズウイークもそう書いてるよ」と反論している。

5. What do you got?

　文法的に見ておかしく思われるが、よく使われている表現に What do you got? という表現がある。I got という表現については Swan, *Practical English Usage*（2016: 318）に次のように書いてある。

The weak form of have in *I've got* is so quiet that it is often not heard at all; and people are beginning to say *I got* instead of *I've got*. Other auxiliaries are tending to disappear in fast speech. …. If this trend continues, the English auxiliary verb system could end up being completely restrictred in speech, and ultimately in writing.

　つまり、口語では I've got が I got となり、got が動詞の原形のように認識されるようになり、do you got という表現が使われるようになったと考えられる。この got に関しては、私の『英語語法学をめざして』（p.45）で取り上げた。Fodor and Smith（1978）では、do got という形を認める人たちを Advanced と分類して、その人達は次のような表現を認めるとしている。

　a. Do you got one?　 b. You don't got one.　c. Lucy gots one.

この論文は1978年のものなので、その時点で Advanced（進歩的な人々の用

法）と考えられた用法が、現在ではインフォーマルな表現としてかなり浸透して来たと考えていいのではないかと思われる。

具体例をあげておく。

(54) Man: Morning, fellas.

Columbo: Andy. ***What do you got?***

—— *Columbo*, S10E5

これは「刑事コロンボ」からのものだが、4人で捜査していて、刑事仲間の一人が朝になったのでカーテンを開け、「おはよう！」と言い、コロンボが「何か分かったか？」と言っている場面だ。

(55) A: Jethro, can you hear me?

B: He can hear you.

A: ***What do you got?***

B: Well, I ... I'm sorry. Ladies first.

A: That is so sweet.

B: No. It's a pleasure, I'm sure.

—— *NCIS*, S2E17

以上のように、What do you got? という表現はかなり定着してきているが、Do you got ...? という表現もインフォーマルな場面ではよく使われている。

(56) A: ***Do you got*** any gum?

B: What?

A: Gum. Chewing gum. Gum.

B: Uh, yeah. Yeah.

—— *Lie to Me*, S1E3

次の映画の一場面を見てみよう。

(57) A: *Do you got lots of brothers and sisters?*
　　 B: *Do I have a lot of brothers and sisters?*
　　 A: That's what I said.
　　── *Good Will Hunting*

　この例では、Do you got …? と尋ねられて、聞き返す時に Do I have …? と言い換えて聞いている。この表現が、まだ完全に定着していないことを物語っている。

6. Can do. vs No can do.
　この Can do. という表現は、I can do it. の主語と目的語が省略された表現だと考えられるが、「そうできるよ」という意味客観的な意味を表すのではなく「必ずそうするよ」という約束のような意味で使われる。例を見てみよう。

(58) Paige: I gotta go.
　　 Evan: Okay.
　　 Paige: Be heroic, my hero.
　　 Jill: Bye.
　　 Evan: *Can do.*
　　── *Royal Pains*, S3E2

　これはペイジが夫のエヴァンに「頑張ってね」と言ったのに対して「頑張るよ」と言っている場面である。

(59) Seth: How cool is this? Two-man pack. Two against the world.
　　 Jacob: You're getting on my nerves, Seth.

4．口語英語の定型表現について

Seth: I'll shut up. ***Can do.***

—— *The Twilight Saga: Breaking Dawn Part 1*

セスが「2人で全員と戦うなんてかっこいい」と言ったのに対して、ジェイコブが「お前は神経を逆なでするなあ」というと、セスが「黙るよ。絶対に」と言っている。この Can do. は「絶対に」ぐらいの意味で使っている。

次に、この Can do. に対する表現である No can do. という表現を見てみよう。

(60) Nathern: You have green, yellow, and red security zones. Red for top secret.

Parker: So, teacher Mike, what if I want to go to the red zone?

Nathern: Well, no, teacher Jen. ***No can do.*** We... we... We only have visitor badges.

—— *Leverage*, S4E5

教員に化けて施設に潜入したネイサンが、小学生に秘密のゾーンについて説明している場面だが、パーカーが秘密のゾーンに侵入したければどうすればいいのかと尋ねたら、ネイサンが「それは無理だ、我々はビジターのバッジしかつけてないから」と説明しているところだ。もう一つ例を見てみよう。

(61) A: Kimmy, here's a wild idea. This year, why doesn't D.J. pick you up on the way to school?

B: ***No can do.*** My dad eats his breakfast in his underwear.

—— *Full House*, S3E2

中学生になった D.J. を迎えに来たキミーに、今年は D.J. の方が君を迎えに行くというのはどうかなと聞いている場面。キミーは「絶対にダメ」と断っている。お父さんが下着姿で朝食をとっているから、それを見られるのが嫌だと

述べている。ここで分かるのは、この場面の No can do. は I can't do it. で置き換えることができないことだ。It can't be possible! という表現で置き換えられるものだ。

この二つの例から分かることは、No can do. という表現は「絶対に無理」「絶対にダメ」という意味で使われ、否定を強調するのだが、Can do. とは違い、No が文頭にあるため、主語の I が省略されていると感じられなくなっているようで、文法的な主語のことは無視して使われるようである。

7．まとめ

以上、現代口語英語の中に見られる非文法的な英語表現を、少数だが取り上げ、その使い方の背景を探ってみた。これらの表現の特徴を考えてみると、定型表現には古い英語の表現が残存していたり、表現のある部分の省略が起こったため、現代英語の文法が無視される場合がある。さらに、元の意味も表すが、派生的意味を持ち、その意味を中心的に表して使用される場合が多い。

注

(1) 4章以降の例文で出典に 90210, S1E13 のように表記されているのは、90210 がテレビドラマのタイトルで、S1E13 というのは Season 1, Episode 13 ということを表している。

(2) What do you say {to .../ (that) SV}? の後半部分を省略した What do you say? という表現もよく使われている。「ところで、あなたの意見はどうなのですか？」ぐらいの意味である。例を挙げておく。

    (a) A: Go on. Go buy her some breakfast. Get to know each other again. ***What do you say?***

        B: Sure.

        —— *Fairly Legal*, S1E5

    (b) A: Then what do you think we're doing out there?

        B: I don't know. Planning a bank job?

        A: Look, I've got an opening in my lineup, varsity. Chance for a lifetime. ***What do you say?***

        B: I say those people that pray here are wasting their time.

        —— *One Tree Hill*, S1E1

4．口語英語の定型表現について

(3) 以下のように、Says who に対して Says who. と答えている例も見つかった。

A: You don't know how to use one. And that's why you held it like a pistol. You and your hook. And then you snuck back onto Betancourt's boat, and replaced it.

B: *Says who?*

A: *Says who.* The miracle of science, Marty. Take a look at that.

── *CSI Miami*, S2E2

5．スウェアリングとその婉曲表現

　一般的に Swearing は「ののしり語」と訳されているが、語法学の観点から見ると相手をののしる場合だけでなく、悔しさや驚きを表す場合などにも使われるので、ここでは「スウェアリング」と呼ぶことにする。このスウェアリングの使い方を見ていて、同時に理解しなければならないのが婉曲語法 (euphemism) である。

　一般的に婉曲語法は fireman を fire fighter と garbageman を sanitary engineer と呼んだりする現象を中心的に扱っているが、スウェアリングとその婉曲表現について考察することはほとんどされていない。ここでは、スウェアリングの表現とその婉曲表現を取り上げてその特徴を探ってみたい。

1．スウェアリングとフォーマリティ

　一般的に、スウェアリングというのはフォーマルな状況では使われないものである。スウェアリングは通例、インフォーマルな場面で使われるのである。ということは大まかに見ると次のようになっていると考えられる。

　フォーマル：スウェアリングは使われない
　インフォーマル：スウェアリングが使われる

　しかしながら、フォーマルな場面では全くスウェアリングが使われないかというとそうではない。つまり、フォーマルな状況やニュートラルな状況では、スウェアリングに対応する婉曲表現が使われる。また、インフォーマルな場面では常にスウェアリングが使われる訳ではないことも留意しておかなければならない。よほど気兼ねなく話せる相手でないとスウェアリングが直接使われることはない。このことを考慮すると、以下の表のような関係になる。

フォーマル：スウェアリングは使われないが、使いたい場合にはその表現の
　　　　　　婉曲表現を使う。
ニュートラル：スウェアリングまたはその表現の婉曲表現を使うが、使われ
　　　　　　　ないこともある。
インフォーマル：スウェアリングまたはその表現の婉曲表現を使う。

　この仕組みを分かった上で、具体的なスウェアリングに対する婉曲表現を見
て行くことにする

２．スウェアリングとその婉曲表現

　Hughes（1998: 13-14）には、主なスウェアリングとその婉曲表現を使われ
だした年代とともに表にして示している。ここではこの表を参考にし、年代を
省き、各スウェアリングに対応する婉曲表現を（古い表現から新しい表現へ）
年代順にまとめておくことにする。

(1) God: gog, cokk, cod, Jove, 'sblood, 'slid (God's eyelid), 'slight, 'snails (God's nails), zounds (God's wounds), 's body, sfoot (God's foot), gods bodykins, gad, odsbods, gadzooks (God's hooks), godsookers, egad, od, odso, ounds, odsbodikins (God's littlee body), agad, ecod, goles, gosh, golly, odrabbit it, gracious, ye gods!, by George, s'elpe me Bob, Drat! (God rot!), Doggone (God-damn), Great Scott, Good grief, by Godfrey

(2) Jesus: Gis, Jis, Gemini, Jiminy, Jimmy Crickets, Gee whilekins, Gee wiz, Jeez, Gee, Jeepers, Jesus wept, Judas Priest, Jesus H. Christ, Jeepers Creepers

(3) Christ: Criminy, Crickey, Crispes, Jimmy Christmas, for crying out loud

(4) Lord: Lud, Lawks!, Lor!, Law sakes!, Law!, Lor-a-mussy! (Lord have mercy!), Lawdy!, Lumme! (Lord love me!)

（5）Devil: Deuce

（6）Hell: Sam Hill (US), heck

（7）Damn(ed): darned, durned

（8）Shit: shucks, shoot/shute!, sherbet!

（9）Fuck: foutre/foutra (from Fr. Foutre), foot/sfoot (from Fr. Foutre), footer (from Fr. Foutre), footy(from Fr. Foutre), frig/frigging, effing, eff and blind, eff

2.1. 現代英語で使われているスウェアリングの婉曲表現

まず、上の表を参考にして、私のコーパスを検索し、現代英語で使用されるものを探ってみた。すると、結果は以下のようなものになった。

（1）God: gosh, golly, Doggone (God-damn), Good grief,

（2）Jesus: Jiminy, Jiminy Crickets, Jeez, Gee, Jeepers, Jesus wept, Judas Priest, Jesus H. Christ

（3）Christ: Criminy, Crickey, for crying out loud

（6）Hell: Sam Hill (US), heck

（7）Damn(ed): darned

（8）Shit: shucks, shoot

（9）Fuck: frig/frigging, effing, eff

この表を見ると、（4）, （5）の Lord や devil に対する婉曲表現がなくなっているのが分かる。Lord に対するものはなくなっているが、キリストを意味する（1）God, （2）Jesus, （3）Christ に対する婉曲表現がたくさんあるので、そちらを使うようになってきたと推測される。また、devil という単語の婉曲表現が使われなくなったのは、devil という単語はスウェアリングで使用されてはいるが、以前のように devil を口にすると呪われるという考えが薄れてきたのではないだろうか。これは hell にも言えると思われる。今のところ、hell に対

する婉曲表現が使われているが、将来的には消えてしまうのではないだろうか。この予測を裏付けるように、What the hell ...！と What the heck ...！の頻度を私のコーパスで検索してみると、以下のような頻度の差が出た。

What the *hell* ...！　6138
What the *heck* ...！　　87

もちろんのことながら、私のテレビドラマのセリフのコーパスなので、インフォーマルな場面が多いことは考慮するにしても、この二つの表現の差は hell という表現を直接的に使ってもあまり問題にならなくなって来ていると解釈してもいいのではないだろうか。もはや間接的にそれを婉曲表現で使う必要がなくなってきているのであろう。

３．スウェアリングに対する婉曲表現の作られ方
　上の表を参考にすると、スウェアリングに対する婉曲表現がどのようにして作成されているのかが分かる。大きく分けて次の３つのタイプに分けられる。

（ⅰ）似た音の単語で置き換える
（ⅱ）頭文字だけを使う
（ⅲ）頭字語（acronym）を使う

この３つのタイプについての具体例を以下で検討する。

３．１．似た音の単語で置き換える
　似た音の単語で置き換える場合にも、２つのタイプがある。語頭と語尾の音が同じ語で置き換える場合と、語頭の音だけが同じ語で置き換える場合がある。

3.1.1. 語頭と語尾の音が同じ語で置き換える

語頭と語尾の音が同じ語で置き換える場合には、挟まれた音を延ばした単語が使われるようである。

3.1.1.1. Shoot

Shit というスウェアリングの単語は Shoot という婉曲表現の単語で置き換えられる。

(10)***Shoot***. I forgot. Tomorrow is the day we scheduled to take Jack to have his pictures taken.
—— *Criminal Minds*, S2E10

(11)***Shoot.*** I forgot my glasses. I'll be right back.
—— *The Closer*, S4E2

例で分かるように、もともとの Shit. が残念である気持ちを表現するときに単独で使われるので、その婉曲表現の Shoot. も例文のように「あーあ、忘れていた」というようなときに使われる。

3.1.1.2. Jeez

まず、スウェアリングの表現 Jesus の例を見てみよう。この表現も単独で使われる。

(12)He said it twice. "What the hell am I gonna do? What the hell am I gonna do? ***Jesus!***" —— *Columbo*, S9E3

上の例で注目すべきなのは、What the hell ...? と hell というスウェアリングの表現も Jesus と同時に使われているということである。

それではこの Jesus の婉曲表現の例を見てみよう。Jeez も例のように、通

例、単独で使われる。

(13) Okay? Oh, *Jeez*, it hurts. ── *Grey's Anatomy*, S6E18

「あー、痛い」という時に Jeez が使われている。神に「助けてください！」という意味で使われている。

(14) A: I want to ask you a favor.
B: Oh, *Jeez*. Another favor.
── *Bones*, S1E14

この Jeez は「わー、まだあるのか？」という意味で、神に「勘弁してくださいよ」といっているのである。

(15) A: What do you think they cost?
B: *Jeez,* I don't know.
── *Columbo*, S10E8

この Jeez は金額がどれくらいか尋ねられて「さあ、分かりません」と答えている。この Jeez は「さあ」ぐらいの意味で使っている。
以上のように Jeez は自分でどうしようもない時に、その感情を表すために使われる表現なのだ。

3.1.2. 語頭の音だけが同じ語で置き換える
一番多いのが、スウェアリングの表現の語頭の音と同じ音を持つ単語を使って作られる婉曲表現である。

3.1.2.1. darn, dang

上の表では darned とあり、次のように使われてはいるが、私の口語のコーパスでは darn しか現れないほどで、実際は darn や dang の方がよく使われている。

(16) Cheryl Gillan ousted herself from the UK cabinet on Twitter. Her replacement David Jones also tweeted: "Well I'll be **darned**."

　　—— *Daily Post* (Liverpool, England), January 2, 2013

(17) "You're **darned** right we're concerned about that," said general manager Bob Pulford. "But when you have a team that's struggling it affects your gate."

　　—— *Daily Herald* (Arlington Heights, IL), January 16, 1997

darn の例をあげておく。

(18) A: You look so cute. Everybody, just take one. Just take one. There you go. You look so cute. What about me?

　　B: Well, you're cute, too. Well, maybe not as cute as the monkey, but pretty **darn** cute.

　　—— *Brothers and Sisters*, S5E2

(19) The fact that I was able to get clean boundaries is pretty **darn** impressive, even for me.

　　—— *Grey's Anatomy*, S4E9

(20) A: Well, you're cute, too.

　　B: Well, maybe not as cute as the monkey, but pretty **darn** cute.

　　—— *Brothers and Sisters*, S2E5

(21) Why do they park so **darn** close to you?

　　—— *Buffy the Vampire Slayer*, S2E5

(22) The last version of the sauce was pretty ***darn*** good.
  —— *Fairly Legal*, S1E4

　以上の例を見れば分かるように、darn は主に副詞的に使われ、形容詞の意味を強めている。

　また、次例のように、形容詞としての例もある。

(23) It's going to be very useful if I can just get the ***darn*** thing to work.
  —— *NCIS*, S7E3

　さらに、次の例のように damn というスウェアリングの表現が、動詞としていられるので、同じように darn も動詞としての用法が確認される。

(24) This is my legacy. I want my name back, ***god damn it***. I want redemption.
  —— *Damages*, S1E5

　この例のように、damn というスウェアリングの表現が使われているわけだが、注目すべきは、その婉曲表現として darn が使われる時には、god というスウェアリングの表現も gosh という婉曲表現に変えられて、gosh darn it となって使用されている点である。

(25) I know, I know, fashion isn't exactly my thing, but ***gosh darn it***, you know, you've got such a nice face.
  —— *Buffy the Vampire Slayer*, S3E17

(26) A: You think we ran long enough to need a shower?
  B: Oh, ***gosh darn it***. I didn't get an endorphin hit yet. That was a short run.

5．スウェアリングとその婉曲表現

―― *Rizzoli and Isles*, S3E4

次に dang の例をあげておく。これも同様に、副詞、形容詞、動詞としての用法がある。以下に 2 例ずつ示しておく。

(27) It's been sitting in some old lady's backyard for ***dang*** near 30 years.
　　 ―― *Psych*, S3E4

(28) Now, you're a good guitar player, but you're not that ***dang*** good.
　　 ―― *Hannah Montana*, S3E18

(29) You still fretting about that ***dang*** phone?
　　 ―― *Body of Proof*, S2E1

(30) We're gonna stop and smell the ***dang*** roses and you're gonna like it.
　　 ―― *Hannah Montana*, S4E10

(31) Gosh ***dang*** it, I got a chance to make a difference here.
　　 ―― *House M.D.*, S1E17

(32) I closed my eyes for a second, and when I opened them... Oh, gosh ***dang*** it.
　　 ―― *Grey's Anatomy*, S12E4

この dang の動詞用法に関しても、gosh dang it という定型表現の場合に限られるようだ。

3．1．2．2．frigging

上で見たように、frigging は fuckin の婉曲表現で、意味を強めている。

(33) Gee, look at him. He's so ***frigging*** hot. ―― *90210*, S2E1

これは、「本当にセクシーね」と少し離れたところにいる男性について語っ

79

ている場面である。もう一例見ておく。

（34）Castle: Whoa! Whoa, whoa! I'm a friend! I'm a friend!

Vito: Sal?

Sal: Take him out back. Kill him.

Castle: Sal! Whoa, whoa! Sal! No, let me go. Oh, jeez. Sal, it's me. It's me, buddy.

Sal: Vito! Vito, wait! Vito, wait! Hold on. I was just messing with him.

Sal: Come here.

Castle: Not funny, Sal.

Sal: No, you're right. No. It wasn't funny. It was ***frigging*** hilarious! Richard-***frigging***-Castle. Master of the macabre.

── *Castle*, S1E10

　キャッスルがレストランにサルを訪ねたら、サルの手下のヴィトーにキャッスルが捕まった。キャッスルはサルの友達だと言ったのだが、そこにいたサルは手下に「殺せ！」と命令し、キャッスルが慌てているのを見て笑うと、キャッスルは「笑い事じゃないぞ！」と反論。これに対し、サルは「面白く（funny）はないけど、本当に抱腹絶倒（hilarious）だぞ！」と言い、「最高のリチャードキャッスルだ」と frigging をミドルネームのようにファースト・ネームとラスト・ネームの間に入れて呼んでいる。

　Frigging という表現は fucking の婉曲表現だが、元の形容詞としての用法をそのまま受け継いでいる。

3 . 1 . 2 . 3 ． gosh

　上の(25), (26)の例で見たように、god というスウェアリングの表現に対し gosh という婉曲表現が使われている。ここでは例をあげるだけにしておく。

(35) Oh, thank **gosh** you came.

— *Covert Affairs,* S1E9

(36) Oh, my **gosh** you were amazing!

— *Glee,* S5E19

(37) A: These are fantastic!

B: **Gosh!** I'm so glad you liked them.

— *Friends,* S1E15

3.1.2.4. golly

この golly も god の婉曲表現だが、例を見てみると、by golly や Oh, golly という決まり文句での使用に止まるようである。

(38) If we can't do it by giving him happiness, well, by **golly**, we'll just have to do it in the most painful way imaginable.

— *Buffy the Vampire Slayer,* S6E11

(39) Oh, **golly**. That's more awkward than your attempt at small talk.

— *Lost Girl,* S4E1

さらに、次のように、god の婉曲表現である gosh と golly が同時に使われることもある。

(40) A: Excuse me.

B: Head lac? **Gosh, golly**.

— *ER,* S4E5

また、次の例のような決まり文句でよく使われる。「これは驚いたなあ」という意味である。後ろの Miss Dolly は golly と韻を踏んで使われているだけで意味はない。

(41) A; Wait a minute. Is this thing on?

B: Oh, *good golly, Miss Dolly.*

── *Hannah Montana*, S1E16

3.1.2.5. Doggone

この doggone も god の婉曲表現であるが、gosh や golly と比べると頻度の低い表現である。

(42) A: I did do a couple of things right here, Adam.

B: You did, you did. *Doggone* good.

── *Law & Order*, S6E2

この doggone は good の意味を強めている。同じように次例も副詞的に意味を強めている。

(43) And inside the card read: "2009 was a *doggone* challenging year. Wishing you great success in 2010."

── *Journal of Property Management*, March/April 2010

3.1.2.6. Cricky

この Cricky という表現も Christ の婉曲表現である。この用法も、限られているようである。

(44) *Crickey!* You're not painting the front of a yacht, sweetheart. If you insist on fluffing, fluff gently.

── *Hotel Babylon*, S3E6

俳優の化粧をする係りの者に、してもらっている俳優が言っている場面。な

お、この後の発音は「クリッキー」ではなく「クライキー」という発音である。「おいおい、ペンキ塗りじゃないぞ。もっと優しくやれ」と言っている。

3.1.2.7. Criminy

この Criminy も Christ の婉曲表現である。この用法も例から分かるように、単独で用いられたりして、驚きや、怒りや苛立ちなどを表す。

(45) You need to talk to agents Benford and Noh. They're with the FBI. *Criminy*, it is Noh! N-O-H.
—— *Flash Forward*, S1E2

この場面は、重要参考人が自分の未来体験を語っている場面だが、捜査官のベンフォードとノウに会うべきだと言っているのに、相手が理解しないので、「もう、ノウだと言ってるでしょ！」と苛立ちを表している。

(46) *Criminy.* What kind of bug is that?
—— *Veronica Mars*, S2E5

(47) A: Trading two seats for three. That was sheer genius, Son.

B: And getting up here was great exercise.

A: My lungs are on fire. *Criminy*, my nose is bleeding.
—— *Hanna Montana*, S2E3

上の二つの例は驚きを表している。

3.1.2.8. heck

Hell の代わりに、語頭の発音を温存した heck という語が婉曲表現として使われる。この場合、通例、以下のように What ...? という疑問文の What の直後に入れて What the heck ...? という形で使われる。疑問を強調しているので

ある。

(48) A: ***What the heck*** happened to your arm?

B: Bouquet toss.

—— *90210*, S3E22

(49) A: Then ***what the heck*** was all of that with Gabriela?

B: I mean, you seemed to be having a really good time with her.

—— *Brothers and Sisters*, S5E8

(50) A: But ***what the heck*** is going on?

B: This is a CIA facility. —— *Chuck*, S3E4

(51) A: ***What the heck*** is that?

B: The murder weapon.

—— *CSI*, S1E4

(52) A: ***What the heck*** is wrong with you? What's the problem? Tell me about it. I'll solve it for you.

—— *Full House*, S1E13

3．1．2．9．For crying out loud

この表現も Christ から来た婉曲表現だと Hughes（1998: 13-14）が分類しているので取り上げるが、文字通り驚きを表している。

(53) A: Here you go, Elaine. You left your purse in the ladies' room.

B: Oh, ***for crying out loud!***

—— *Drop Dead Diva*, S2E5

(54) A: If you wanted my help, you would've asked me for it seven years ago.

B: Oh, ***for crying out loud***, David.

A: I need today's schedule in my office.

84

—— *24*, S1E9

3．1．2．10. Jiminy Cricket

この Jiminy Cricket は、Jisus Christ を婉曲的に表現するために、頭文字だけを残して他を替えた表現である。

(55) Reddington: Tell me your story. I'm not leaving here without a story. Being shot in the hip, on the other hand, ***Jiminy Cricket.*** Thick bone, large artery, not to mention the fact that it makes walking upright forever impossible.
—— *Blacklist*, S1E22

これは捕まえた敵を拷問している場面だが、相手の手を撃って白状させようとしたがダメなので、「腰を打たれたら本当に大変だぞ」と言っている場面だ。この Jiminy Cricket は「本当に！」ぐらいの意味で使っている。

(56) A: Did she eat pussy or did she just fingerbang her way down Pennsylvania Avenue? Fuck my mouth. I'm doing it again.
B: ***Jiminy Cricket.*** Wow.
—— *Veep*, S5E4

この場面は週の選挙管理委員会で開票を見守りながら、噂話をしているところだが、A が女性なのに直接的にひどいことを言うので、男性の B が驚いているところだ。「すごいね！」と言う意味で使っている。

3．1．2．11. Sam Hill

この Sam Hill という表現は、hell の婉曲表現だ。例を見てみよう。

(57) I have no idea who in the ***Sam Hill*** you are.

　　—— *Blacklist*, S1E22

(58) Mile, what in the ***Sam Hill*** is going on with you, girl?

　　—— Hanna Montana, S4E3

　この例を見ても分かる通り、通例、疑問詞 + in the Sam Hill という形の表現で使用される。「いったい全体」と疑問を強めている。

３.２. 頭文字だけを使う

　スウェアリングの God の頭文字の G や fuck の頭文字の F を使って婉曲に表現することがある。この場合、綴り字としては音を反映して Gee や eff を使う。

３.２.１. Gee

　この Gee という表現は、God の頭文字 G の読み方を綴り字で示したものだ。

(59) A: We waited two hours outside that casino for you. If it wasn't for us, you'd be taking the bus home.

　　B: ***Gee,*** thanks a lot.

　　—— *Cold Case*, S7E11

(60) A: Hey. The lab call? Is she a match?

　　B: Haven't heard yet. You got a text message, though. "Friday night". Very cryptic.

　　A: ***Gee***, thanks for checking.

　　—— ***House M.D.***, S1E12

　この例を見れば分かるように、Gee という表現は通例 thanks という感謝の表現と一緒に使われる。この事は元のスウェアリングの God が使われた次例

86

のにも当てはまる。

(61) A: Did you have fun last night?

B: Oh, yeah.

Got in around four AM and ah, filed evidence for another hour.

Really. Was Gibbs with you?

Oh, ***God***, thanks for reminding me.

── *NCIS*, S1E13

また、上の表には出ていないが、Gee に関連して Gee whiz という表現も、次のように使われている。

(62) A: How can I help you?

B: Oh, that's very nice of you, sir. I appreciate that.

A: After what I did. ***Gee whiz.*** Where was I?

B: This is a little difficult. I'm looking for a Mr. Daley.

── *Columbo*, S6E1

しかし、Gee whiz. の方は、gee と違い単独で驚きを表す場合に使うのである。

3．2．2．eff, effing

特にアメリカ英語でよく使われるのが fuck というスウェアリングの表現である。頭文字の f の発音を用いて婉曲的表すのがこの eff である。この eff は通例動詞として使用される。

(63) A: Are you having remorse sex fantasies about your ex?

B: What?

A: No.

B: Don't **eff** with an **effer**. I know that look.

—— *Gossip Girl*, S1E10

(64)'They do not!' she said, giving him a forbidding look 'What do you think I do when I go to the feed store in town? What do you think I say? "Now Tony, give me a bag of that effing pigfeed and a bag of that bitchly cow-corn and some of that Christing ear-mite medicine"? And what do you think he says to me? "You're **effing** right, Annie, comin right the **eff** up"?'

—— Stephen King, *Misery*, 19/206

また、この例を見れば分かるように、eff に ing を付けて effing とし、形容詞として使われる。例をあげておく。

(65)Serena looked **effing** hot last night.

—— *Gossip Girl*, S1E1

(66)MURRY: Merry **effing** Christmas.

—— Law & Order SVU, S11E6

(67)'And then do I go down the street to the bank and say to Mrs Bollinger, "Here's one big bastard of a check and you better give me fifty **effing** dollars just as **effing** quick as you can"? Do you think that when they put me up there on the stand in Den — '

—— Stephen King, *Misery*, 19/206

ここで興味深いのは、以下のような例で、Oh, my god! という表現である。思いもかけない二人が抱き合っているのを目撃して、「うそでしょ！」と驚いている場面だ。

(68) *Oh, my effing god!*

　　── *Gossip Girl*, S2E2

何が興味深いかというと、god はそのままスウェアリングの表現を使い、fucking の婉曲表現である effing がついて使用されているということである。つまり、考えられるのは effing という表現が婉曲表現の中でもスウェアリング的要素をまだ残しているということである。

3.3. 頭字語（acronym）を使う

婉曲表現でも、頭字語を使う場合がある。この場合、句を形成する語句の頭文字をとって婉曲表現が作られる。

3.3.1. SOB

スウェアリング表現の son of a bitch のそれぞれの語の頭文字を並べて、SOB という婉曲表現を作り出して使用している。例を見てみよう。

(69) Besides, you know, maybe the *SOB* didn't do it.

　　── *Law & Order*, S6E16

この例では、「あいつは多分やってない」と述べている。この SOB は自分物のことを指していて、「あのつまらないやつ」ぐらいの意味を表している。もう一つ例を見てみよう。

(70) A: I said I would be here to help find her.

　　B: Please. It's important. Wedeck.

　　A: It's Janis, sir. I've got him.

　　B: Good. Now, you get that squirrelly *SOB* back here ASAP.

　　── *Flashforward*, S1E11/12

ここでは人のことを指して、「あの奇妙なやつをここに連れてくるように！」と述べている。つまり、通例、SOB は名詞として主語や目的語として使われる。

3.3.2. BS

スウェアリング表現の bullshit は、BS という婉曲表現に置き換えられて使われることがよくある。

(71)Hey, remember that favor you promised me? There's this civilian review board thing coming up. Excessive force complaints. Total *BS*, right?
—— *Castle*, S4E21

過剰暴力で訴えられていて、審査会が開かれると説明している場面だ。「くだらないだろう？」と賛同を求めている。この BS は名詞として「つまらないもの」という意味で使われている。

もう一例見てみよう。

(72)Elin: When we brought Richard in, we gave him a polygraph. It indicated that he was possibly withholding information from us.

President: About my kidnapping? My son and I have wildly different political views, but I can't believe that he was involved.

Elin: We don't think he had knowing participation. We believe he shared knowledge of your whereabouts with someone and he refuses to divulge that information or their identity.

President: And what are you doing about that?

Elin: We discussed a number of options. You have to understand the circumstances.

President: Stop *BS-ing* me. What did you do to him?

―― 24, S4E6

　この場面では、大統領が自分の誘拐された事についての聴取を受ける前に息子のリチャードに会いたいと捜査官のエリンに述べている。それに対しエリンは、誘拐に何らかの関与をしているらしいので拘束して尋問しましたと話すので、大統領は「尋問するために息子にどのような事をしたのか教えろ」と命令すると、口を濁して答えようとしないので、「私を馬鹿にするな！」と怒りを露わにしている。

　この BS-ing は形から分かるように、動詞として使われていて、「（人を）馬鹿にする」という意味である。

４．まとめ

　以上、英語の各々のスウェアリング表現に対する婉曲表現を、例をあげて見て来たが、スウェアリングに対する婉曲表現の作られ方に以下の３つのタイプがあることを示した。

（ⅰ）似た音の単語で置き換える
（ⅱ）頭文字だけを使う
（ⅲ）頭字語（acronym）を使う

　また、Oh，my effing god. のような「スウェアリングの表現」と「婉曲表現」が共存する例を示し、effing という表現が婉曲表現の中でもスウェアリング的要素をまだ残しているのではないかということを提示した。このことに関してはさらなる考察が必要であると思われるが、英語語法学にとっては興味深い現象である。

6．メタ言語的用法の特徴

　英語の用法の中にはメタ言語的用法がよく現れる。ここではできるだけたくさんの例を用いて、その用法の特徴を解明してみたい。

1．Don't "...." me!

　まず、ここでは、呼びかけ語を動詞として使うメタ言語的な用法の例をあげてみる事にする。「私を呼ぶのにサーをつけないでくれ」と表現する場合、一般的には次のように Don't call me sir. という表現を使う。

(1) Gibbs: Exhale.

　　A: I'm trying, sir.

　　Gibbs: Try harder, and ***don't call me sir***.

　　A: Not forcing you to do anything here. I know.

　　── *NCIS*, S7E23

　ところが、英語にはこの sir を臨時的に動詞として使う用法が存在するのである。このような用法のことをここではメタ言語的用法と呼ぶ。実際の例を見てみよう。

(2) Agent Janus: Sir, you can't—

　　Kay: ***Don't "sir" me***, young man. You have no idea who you're dealing with.

　　── *Men in Black*

Don't "...." me! という表現は他の語でもよく使われる。以下にその例を見て

行きたい。

(3) A: Wesly: Hi, Dad.
B: ***Don't "Hi, Dad" me***, young man.
—— *Columbo*, S9E5

　これは「刑事コロンボ」からの例だが、この場面では、博打にのめり込み借金ばかりしている娘婿のウエズリーが義理の父親に Hi, Dad. と呼びかけている。これに対し「気安くお義父さんと呼ぶな」と言っている。

(4) A: Hello, sweetheart.
B: ***Don't "sweetheart" me.*** And wipe that silly, smirking, little-boy grin off your face!
—— *Columbo,* S9E2

　これも、「刑事コロンボ」からの例。女性の事を気安く sweetheart と呼ぶ男性に向かって「気安く sweetheart と呼ばないで！」とたしなめ、その愛想笑いもやめて欲しいと述べている。
　このように、Don't "…." me! という表現がよく使われるのだが、この場合の意味としては「"…." と気安く呼ばないで欲しい！」が一番普通である。

(5) A: Mom…
B: No, ***don't "mom" me,*** Ned.
—— Ghost Whisperer, S5E12

(6) Man: Ally.
Ally: ***Don't "Ally" me***. I dislike being "Ally-ed" by men.
—— *Ally McBeal*, S1E19

94

6．メタ言語的用法の特徴

アリーがファーストネームで呼びかけられたのに対して、男性にファースト
ネームで呼びかけられるのはいやだから「ファーストネームで呼ばないで」と
述べている場面だ。

(7) Tito: Okay, I was there. But I didn't shoot nobody.

Man: So what were you and Marisa arguing about?

Tito: What?

Man: ***Don't "what" me.*** You were slapping her around right before she
got shot.

── *Unforgettable*, S1E10

容疑者のティトーが現場にいたのを認めたので、係官が「マリサと何につい
て口論していたのだと」と尋ねると「何だって？」と聞き返したので「しら
ばっくれるな」という意味で Don't "what" me. と言っている。

(8) A: Why would we know the chauffeurs?

B: Oh, God.

A: ***Don't "Oh, God" me,*** Adam.

── *The Closer*, S5E2

このように、Don't "..." me. という表現形式は、相手の発言訂正のために使
われる。

2．記号

英語の記号を表す名詞が別の意味を表す事がよくある。ここでは、その具体
例を見て行き、どういう意味を表しているのかを見てみたい。

95

2.1. question mark

まず、question mark について例を見てみよう。

(9) I've got *a big question mark* here about this Juan character.
— *Without a Trace*, S6E3

(10) Suddenly, all those tests and teachers we hated. Seem a lot less scary than the *big question mark*...that's hanging out there.
— *Smallville*, S4E21

(11) It's this *big giant question mark* and now I know she was there, it makes it worse.
— *Kyle XY*, S3E3

(12) Mr. Kay is still *a question mark*.
— *Law & Order*, S1E17

(13) So the time of death *is a bit of a question mark* right now.
— *Criminal Minds*, S4E14

これらの例はいずれも「疑問」「問題」「疑惑」などを表している。さらに、次のように人のことを表すこともある。

(14) You're *a walking question mark*.
— *Lie to Me*, S1E11

この例では「分からないことだらけの人物」という意味で使われている。次の例では、「謎の人物」という意味で使われている。

(15) Now, what I want to know is, who made the plan? Thursday night, "Irene," *followed by a question mark.* Now, this guy made a note to himself every time he hiccupped.

　　　　　　　　　　　　　　　　　　　6. メタ言語的用法の特徴

　　── *Law & Order*, S4E10

次のように、複数形で使われ「たくさんの疑問」という意味を表す。

(16) In all of our sessions, I've ***had question marks***.
　　　── *Bones*, S4E5

また、修飾語句としては big が一般的だが、(11)の例のように giant や次例
のように huge も使われる。

(17) A: The FDA doesn't need a full answer if you can give them ***a big***
　　　　enough question mark.
　　　Thomas: And this ***a huge question mark***.
　　　── *The Dead Zone*, S2E4

さらに、次の例のように、「謎に満ちた一生」というふうに表現されること
もある。

(18) A: All right, so, how do we all ultimately come down on Kraft?
　　　B: That's ***a life that ends in a question mark***.
　　　── *Numb3rs*, S5E13

2.2. period
　文の最後に置くピリオドをメタ言語的に使用することがよくある。その場合、
「以上だ」という意味などを表すのだが、具体例を見て行きたい。

(19) Annie: You like to drive fast.
　　　Eric: I like to drive, ***period***. I did Paris-Dakar.

Annie: Did you win?

Eric: I finished. I finished.

—— *Covert Affairs*, S3E1

これは二人が車に乗り込んで、アニーが「飛ばすのが好きなのね」と言った
のに対し、エリックが「車に乗るのが好きなだけだ」と言っている場面。You
like to drive fast. に対して I like to drive, period. と言っているのは、「文は
fast の前で止めろよ。I like to drive. なんだ」と fast は付けないことを述べて
いる。つまり、文をそこで止めることを述べ「ここで文は終わりだ」と伝える
時に使われるのである。

(20) Dr. Lightman: All right. So if there was a reason to arrest him
　　　　　　　　　yesterday, what's he doing on the street today, then?

　　　Wallowski: Herman Farr is a good man, ***period***.

　　　—— *Lie to Me*, S3E3

ライトマン博士が、警官のワロウスキーに、ワロウスキーの相棒のファーが
なぜ捕まらないのかを問いただすと、「いい人だが、これが理由よ」と言って
いる場面だ。相棒だから手心を加えていると思われているので、「その他に理
由はないわ！」という意味で period と付けている。

　また、period はある文を述べ、その後に使う事によって「この点が重要な
のだ」という意味を表すことも多い。例をあげておく。

(21) A: Get them back.

　　　B: What do you mean?

　　　A: I mean get me the original and destroy every copy that's been
　　　　 made.

　　　B: What's so important about this thing?

6．メタ言語的用法の特徴

A: I don't recall answering questions being part of our arrangement. The information goes one way, **period**. Get me these blueprints.
―― *Flashforward*, S1E18

「情報は一方通行だ」という内容を話して、そん直後に period を付けることによって「ここが重要なのよ！」という意味を表している。

(22) A: I'm sorry, Sister, but the church has decided we can't support you any longer.
B: Support me? You mean... you won't pay my legal fees?
A: I mean we can't support you... **period**.
―― *Orange is the New Black*, S2E11

この例では「もう援助できない」という内容を述べ、ここが重要なのだという意味で period を使用している。次の例でも同じ趣旨で period が使われている。

(23) Mom, what are you doing? There will be no filming of bodies or body parts, or bodies under sheets, or bodies, **period**.
―― *Body of Proof*, S1E4

2.3．comma

Period と違って、comma というのはもともと短いポーズを表すので、period のような強さは表さない。そのため、メタ言語的に使われても、次のように「一時的に止める」くらいの意味を表す。

(24) A: If you withhold so much as a **comma** out of a report...
B: You'll get copies of everything before the ink dries.

99

—— *NCIS*, S1E1

「もし報告を一時的に止めたら」と言われて、そのようなことはしないと話している場面。

3. if

ifという語は「もし〜ならば」という意味であるので、それがメタ言語的な使われ方をすると、名詞として扱われ、「前提」「仮定」「条件」という意味を持つ。例を見てみよう。

(25) Meredith: But *if* you can make it through the first weeks and months, *if* you believe that healing is possible ... then you can get your life back.

　　 B: But that's *a big if*.

　　 —— *Grey's Anatomy*, S7E10

メレディスが、もし〜であればという話ばかりをするので、「それは本当に仮の話でしょ」と反論している。この例を見れば分かるように、ifに関しては、先になされた if .... という発話を受けて、That's a big if. という表現が使われる。例をあげておく。

(26) A: *If* we win the Cooper case, guys still on the fence will be lining up outside our door.

　　 B: *That's a very big if*.

　　 —— *Eli Stone*, S2E5

(27) A: But they constitute supporting evidence *if* we extract a confession from him.

　　 B: *That's a big if*. Without it, they won't hold up in court.

—— *Without a Trace*, S5E7

(28) A: Now, *if* she has this, the tap could relieve the symptoms and give her a few brief periods of clarity.

B: Well, ***that's a big if***, Naomi.

A: It's worth a try.

—— *Private Practice*, S2E6

また、次のように、what if という表現を受けて、It's a big if. となることもある。ここでは、それを強めて a pretty big if となっている。

(29) A: You may be a hero after all.

B: Yeah, right. We're arguing ***what if***, basically.

A: ***It's a pretty big if.***

—— *Law & Order*, S2E1

もちろん、名詞として使われるので、複数形にもなって次のように使われる。

(30) He wouldn't want the car to be seen. He'd go to a garage. Within walking distance. ***Two mighty-big ifs***, gentlemen.

—— *Law & Ord*er, S1E19

(31) A: Wherever it happened, Sean Brantley killed her, and it's up to you to bring him to justice, Lieutenant. If she's really dead. If he killed her.

B: Those are ***two big ifs***, sir.

A: Hm.

—— *Columbo*, S9E2

4．時制

時制を表す文法用語、present tense や past tense が使われることもよくある。例を見てみよう。

(32) A: She ate a lot. Said it kept her energy up.

　　B: Eats.

　　A: What?

　　B: Eats. You said, "ate." "eats," *present tense*. She didn't die.

　　── *Grey's Anatomy*, S3E1

この例では、相手が She ate a lot. と発言したのを受け、Eats と訂正したので、「何だって」と疑問を投げかけている。その答えで、ate 出なくて eats と現在形で表現すべきだと主張している。なぜなら、まだ死んではいないからだ。

この例と反対の状況が次の例である。

(33) A: He feels really bad about the way that he treated you, and he wants to apologize.

　　B: You're speaking in the *present tense*.

　　A: Yes.

　　B: But he's dead.

　　A: Yes.

　　B: Who the hell are you?

　　A: He wants to say he's sorry.

　　── *Ghost Whisperer*, S2E2

He feels と現在形を使って表現したので、それに対し「彼はもう死んでいるのですよ」と発言している。それに対し「その通りです」と述べるので、「あなたは一体どういう人なんだ」と疑問を投げかけている。しかし、He wants to say he's sorry. とさらに現在形で表現している。というのも、この A は霊能者で、霊と話ができるからこのように話しているのだ。

また、次の例のようにまず過去形で表現し、今もそうだということで現在形で表現し直し、それを分からせるために Present tense と付け加えることもよくある。

(34) A: I don't believe in psychics.

　　 B: Well, neither did I —— do I. *Present tense*.

　　 —— *Bones*, S5E1

さらに、次のように in the past tense という表現を使って表すこともある。

(35) It's like they're half in this place and half in another place. Oh. Like so many men I know. Sometimes they're talking *in the present tense*, Sometimes they're talking *in the past tense*.

　　 —— *Ghost Whisperer*, S1E21

次の例はシャーロックが女性の話した文が過去形で表現されたことで、彼の推理を働かせている。

(36) Shelock: *Past tense*, did you notice?

　　 Watson: Sorry, what?

　　 Shelock: I referred to her husband *in the past tense*. She joined in. Bit premature. They've only just found the car.

　　 Watson: You think she murdered her husband.

　　 Shelock: Definitely not. That's not a mistake a murderer would make.

　　 —— *Sherlock*, S1E3

彼女の夫のことを過去形で表現すると、車が見つかっただけなのに、彼女はそれに合わせて過去形で話したことを説明している。これは、犯人ではないが何らかの関与があることを示しているとシャーロックは判断した。

また、次の例のように、perfect tense というのも使われる。

(37) I stumbled in the shade since you're gone. Everything's in ***perfect tense***.
　　　—— *Cold Case*, S7E13

5．... is my middle name.

文字通りの意味は「何しろ、ミドルネームが〜というのでね」というものなのだが、内容的には「... だけが私の取り柄ですからね」という意味である。例を見てみよう。

(38) A: I hope you can forgive me.
　　　B: Forgiveness ***is my middle name.***
　　　—— *Buffy the Vampire Slayer*, S1E4

許して欲しいと言われて、「寛容であることが私の取り柄でね」と答えている。このように、ある人の特徴を強調するときにこの形式の表現が使われるのだが、どのような名詞が使われるのかを見てみよう。

(39) Beckett: What about you, Castle? You're already in for the blind. Not scared of a little action, are you?
　　　Castle: "Action" ***is my middle name.***
　　　—— *Castle*, S1E8
(40) A: Don't tell anybody the results.
　　　B: "Secret" ***is my middle name.***

—— *ER*, S1E6

(41) We're EMS actually, so... danger *is my middle name*.

　　—— *The Listener*, S2E2

(42) A: You're gonna go crazy if you don't take some kind of action.

　　B: Are you kidding?

　　A: "Patience" *is my middle name.*

　　—— *Everwood*, S4E20

以上の主語になる名詞は、順に「行動力」、「秘密にすること」、「危険に立ち
向かうこと」、「忍耐」であるが、これらはその人の長所を述べる名刺ばかりで
ある。しかし、短所を述べる場合もあり、以下にその例をあげておく。

(43) Student A: Mr Rowe here always seems to hear more rumours than
　　　　　　　anyone else.

　　Columbo: Mr?

　　Student A: Rowe. Justin Rowe. Gossip *is his middle name*.

　　—— *Columbo*, S10E1

(44) A: I'm under a lot of pressure.

　　B: Oh, no need to apologise. Pressure *is my middle name*.

　　—— *Hotel Babylon*, S3E1

(45) A: Ooh! Like you've never been late, left early, or gone mysteriously
　　　　missing?

　　B: Oh, no. That's my point exactly.

　　A: Tardiness *is my middle name.*

　　—— *NCIS*, S4E18

以上のように、短所を表す名詞は、順に「ゴシップ好き」、「プレッシャーに
弱いこと」、「ダラダラすること」のようなものである。さらに、次のように、

名詞ではなく動詞をメタ言語的に名詞として使用することもある。

(46) A: Here we go again. I can't **handle** this.

Chandler: I can **handle** it. **"Handle" is my middle name.** Actually, it's the middle part of my first name.

―― *Friends*, S3E17

相手が、手に負えないというと、チャンドラーは、「うまく処理するというのが俺の取り柄でね」と答え、Chandler という名前の真ん中に handle という語が入ってるということを説明している。

次のように語ではなく句がメタ言語的に名詞として使われることもある。

(47) This draft is done. This draft is done on schedule. "On schedule" **is my middle name** from now on. I'm having it changed.

―― *The West Wing*, S1E18

草稿が予定通りに完成したので、「予定通りが私の特徴でね」と述べている。

6．Say when. – When.

　もともと Say when. という表現は Say when you are ready. というような文の when に後続する内容を省略した表現である。

Say when. 《くだけた話》（飲み物を注ぎながら，分量について）いいところで言ってくれ！料理を皿に取り分けたり，車に給油する時にも用いる；返事は Thank you., That's enough., All right., または冗談めかして When. ともいう）．――『ウィズダム英和辞典』

辞書には以上のように記述されているが、この表現がメタ言語的表現として

6．メタ言語的用法の特徴

解釈された場合には、様々な場面で When. という表現が使われる可能性がある。まず、Say when が使われる状況を確認しておこう。

(48) ***Say when,*** senor.
  —— *The Sopranos*, S5E6

レストランで給仕に胡椒をかけてくれと頼んだ時に、給仕が「いいところで言ってください」と言っている場面。この場面を見ると、何も答えずジェスチャーで示しているだけだった。

(49) Saroyan: Can you pour fabric softener?
  Booth: Yeah, sure. My mom used to use this stuff. I didn't know it was
    so, uh, scientific.
  Booth: ***Say when.***
  Saroyan: ***That's good.***
  —— *Bones*, S2E20

死体の指を切り取り、指紋を調べようとして、干からびているために乳化剤に漬けようとして、ビーカーに乳化剤を入れて欲しいと言っている場面。「どれくらい入れたらいいのか」を Say when. を使って聞いている。答えは That's good を使っている。

(50) Eddie: Under a second?
  Mickey: Yep, under a second.
  Eddie: I'll do the timing.
  Mickey: Yeah, agreed. ***Say when.***
  Eddie: ***Go.*** Stop! You lose!
  —— *Hustle*, S2E3

107

バーで、ミッキーがグラス三杯のウイスキーを1秒以内で飲み干すと言って
バーテンダーのエディを詐欺にかけている場面。エディが「俺が時間を測る
ぞ」と言うと、「いいぞいつでもスタートと言ってくれ」と、Say when. を「始
まりの合図を言え」と言う意味で使っている。そのため、それに対する返事で
は Go. と言っている。

しかし、実際の英語の表現を観察していると、Say when? に対し When. と
答えている場面に出くわす。これも、いろいろな状況で使われている。例を見
てみよう。

(51) A: Buzz, could you rewind for a minute?

　　 Man: ***Say when.***

　　 A: ***When.***

　　 ── *The Closer*, S1E10

これは防犯カメラのビデオを見ている場面。「いいところで止めてください
よ」という意味で Say when. が使われている。

(52) A: What's it look like he's doing? He's getting ready to rip it up.

　　 B: Relax, Molly. This is only gonna take a second.

　　 A: Come on, Dupree! ***Say when.***

　　 B: ***When!*** Yeah!

　　 A: Oh, I'm racked!

　　 ── *You Me and Dupree*

これは二人でスケボーの競争をやろうとしている場面。「用意」「ドン」に当
たる。

(53) Turner: Matthews v. East Shore Hospital. Mmm.

6. メタ言語的用法の特徴

Secretary: ***Say when.*** When you've had enough, Mr. Turner, you say "when."

Turner: Oh, ***when.***

── *Regarding Henry*

ターナー氏が、書類を見ているところに、秘書が紅茶を持ってきて、ミルクを入れはじめ、「いい所で言ってください」と言ったが、ターナーは何も言わないので、「十分だったら when と言うように」と指示している。Say when. に対しては、when というのですよと説明しているので、この when. という答え方は一般的なものだと判断していいであろう。

7. No way. – Way.

前の項目で Say when. に対する When. という応答の仕方を見たが、それよりももっと頻繁に、普通に使われるのが、No way. に対する Way. という表現だ。これも、メタ言語的表現である。この中間段階の答え方が、Yes, way. という答え方である。

(54) A: If I'm not mistaken, some lucky girl has herself a Play Station.

B: ***No way.***

A: ***Yes way.***

── *Buffy the Vampire Slayer*, S3E16

「そんなのありえないわ」という発言に対し、「いいえ、あり得るわよ」と反論している。

(55) A: Well, what are grippy gloves?

B: To cling better to the jungle gym.

A: Yeah, she also makes her wear grippy shoes.

109

B: *No way.* You're kidding me.

A: *Yes, way.*

── *Brothers and Sisters*, S3E20

　相手が言った事に対して「そんなの嘘でしょ。からかっているんでしょ」というので、相手はそれに対し、「いいえ、本当よ！」と対応している。

　ここでは、Yes が前についている Yes, way. を取り上げたが、Way. だけで対応する場合の方が多く見られる。

(56) A: I guess she thinks she lost her virginity to a gay guy then.

B: *No way.*

A: *Way.*

── *The Big C*, S1E1

　これも、「そんなの、信じられないわ」という発言に対し、「本当よ！」と応対しているのである。

(57) A: I saw them load the truck at Smart and Final.

B: *No way.*

A: *Way.*

── *NCIS Los Angels*, S6E15

　この例も同じようなもので、「ありえない！」という発言に対し「あり得るよ」と答えている。

8．まとめ

　以上のように、メタ言語的用法について見て来たが、この用法は世界中のどの言語にも見られる。

6．メタ言語的用法の特徴

　英語の中で頻繁に現れる Don't … me. という表現や、question mark, period, a big if などの用法について触れた。特に興味深いのは、Say when? に対する When. という返事や、No way. に対する Way. という受け答えであり、メタ言語的表現の用法の特徴が現れていると思われる。

7．〜with a capital ... の英語語法学的分析

　この章では 〜 with a capital ... という表現について見て行く。この表現は、文字通り「大文字の〜」という場合にも使われるが、メタ言語的用法で使われる場合もあり、ある特定の意味を強調する場合に用いられる。それらの用法を、具体例をあげながら見て行くことにする。

1．大文字であることを示す
　もっとも基本的な with a capital ... の用法は、「大文字の ... 」という意味を表すという場合である。以下にその用例を示す。

(1) Right. The password's "Madrid 6‑6‑2‑1‑1." That's ***Madrid" with a capital "M."***
　　── *Torchwood*, S4E1

(2) Caroline: Congratulations again, Oliver. What was the word, Mr. Brandt?

　　Oliver: Carina. C-A-R...

　　Caroline: Well, ***with a capital*** *'C',* Carina is a constellation in the Southern Hemisphere.

　　Oliver: This was not capitalized.
　　── *Columbo*, S6E3

(3) Egan, all right? Dan Egan. That's Dan ***with a capital D***
　　── *Veep*, S1E8

　(1)は、パスワードについて、初めの文字は「大文字だ」と述べている。(2)は Carina という単語の C が大文字か小文字かについて話している場面。(3)

113

は電話で自分の名前を言っている場面である。

2. 強調を表す

この表現で別の用法もある。このことについては、次のような解説が役に立つ。

with a capital letter
to an extreme degree
That makes me feel OK with a capital O. If you want *culture with a capital C*, you can go to an art museum or a concert.
Usage notes: used to emphasize the meaning of a particular word
— *Cambridge Dictionary of American Idioms*

大文字を表すという用法の他に、語の意味を強調するという用法が存在する。例を見てみよう。

(4) Veronica: Your dad and I were just dealing with a little trouble. Like, *trouble with a capital "T"*, that rhymes with "C". That stands for...
Father: Veronica!
Veronica: I was gonna say "cute. "
— *Veronica Mars*, S2E20

(5) This kid was *trouble with a capital T* back in the day.
— *Monk*, S8E5

(6) A: She provided all modern conveniences.
B: So, they had a relationship?
A: Do you mean *with a capital 'R'* or little 'r' relationship?
B: One that involves sex. Capital 'R' relationship.

114

A: No. Schilly drove her crazy because he never refused her directly.

── *Law & Order SVU*, S1E5

(7) A: When we use the word "rain check," we're saying "no" now, right?

B: Not "no" ***with a capital "N,"*** more like ***a lowercase*** "no."

── *NCIS*, S4E13

各例を見ると、(4)と(5)は trouble、(6)は relationship (7)は no を強調している。このように語頭の文字が大文字であることを示す表現を使って、その後全体の意味を強調するのである。

なお、強調は語頭だけでない場合もありうる。例を見てみよう。

(8) This is *pure* brilliance ***with a capital B***. Or ***with a capital P.B.***

── *NCIS*, S8E6

この例は、1語ではなく2語の両方の頭文字を大文字で表すことによって2語で表される意味内容、ここでは「すごい才能」を強調している。もう一つ例を見てみよう。

(9) A: Hey, Nana, Pop-Pop. You missed an unreal hang last night.

B: Unreal, ***with a capital "UN".***

A: Really?

── *New Girl*, S2E4

この例は、頭文字だけでなく、始めの2文字、ここでは接頭辞の um を大文字と表現して、非現実性を強調している。

3．語の頭文字とくい違う場合

上のように、単語の語頭の文字と with a capital … の … の部分が同じであれ

ば理解が簡単である。ところが、語頭の文字と ... の部分の文字が違っている
場合がある。例を見てみよう。

3.1. class with a capital K
この表現は class なのに c ではなく K が使われている。

(10) Veronica: Who gave you the rohypnol the night of Shelly Pomeroy's party. Yeah, I know. You roofied your girlfriend. ***"Class" with a capital "K"***.
—— *Veronica Mars*, S1E20

これはヴェロニカがタッドに行っている台詞なのだが、class という単語は c で始まっているのに、with a capital K となっているのは「ニセモノの」という事を伝えているようである。このセリフに関して、インターネットに以下の解説を見つけた。

'class' is spelt with a 'c'. So, if you tell someone they have ***'class with a capital K'***, you are actually saying the opposite - they **don**'thave Class.
—— https://www.usingenglish.com/forum/threads/83997-quot-Class-quot-with-a-capital-quot-K-quot-%E3%80%80-quot-slip-five-quot

3.2. carzy with a capital K
この表現は crazy なのに c ではなく、K が使われている。

(11) A: A guy who called himself Faraday, contacted us a couple weeks back. Said that he had a beef with S.P.I. Said he had a mission, and going after S.P.I. was just the first step.
B: First step in what?

7．～ with a capital … の英語語法学的分析

A: I have no idea. This guy's ***crazy with a capital "K."***

—— *Unforgettable*, S1E20

この例でも crazy は c で始まっているのに with a capital K となっている。しかしこの場合は「ニセモノの」という意味ではなく、「本当にイカれた」という意味で使っている。With a capital C よりも強い意味を出そうとしているようだ。

もう一つ例をあげておく。

(12) I can't stop thinking about what I did to Jezebel last night. *Almost* did, I remind myself. I mean, sure, Jezebel's a bitch and her plan was ***crazy with a capital K***, but I really wanted to hurt her.

—— Michelle Krys, *Charmed*

やはりこの例も「本当にイカれた」という意味で使われている。

3．3．provision with a capital E?
provision なのに、p ではなく E が使われている。

(13) A: Do we need any provisions?

B: Provisions? ***With a capital E?***

A: Absolutely. But I know a guy.

—— *Veronica Mars*, S1E6

このことに関しては、同じ箇所を取り上げて、説明が行われているので参考になる。

Ecstasy (Things)

117

(http://www.marsinvestigations.net/episodes.php?id=106&type=cr)
"Do we need any...provisions?"
"Provisions? With a capital E, absolutely. But I know a guy."
"Oh, jealous. Wish I knew a guy."

Like the entertainment network, this E also stands for something else. E, without the exclamation point, is short for Ecstasy, which itself is a nickname for 3,4-methylenedioxymethamphetamine. Like that needs a nickname. It's a drug that induces feelings of euphoria and self-awareness in some. It's also killed people. It's popular at raves where it helps to mask just how bad the music is. So, it's not the entertainment network, despite the fact that both addle the brain.

Posted Nov 2, 2004 @ 10:40 PM
(http://forums.televisionwithoutpity.com/topic/3120038-1-6-return-of-the-kane-20041102/)
Quote
She and Wanda had a conversation about a rave and Veronica alluded to knowing a guy who could get them Ecstasy.
So that's what she meant about "Provisions with a capital E". I guess I'm too enmeshed with the elections also to think clearly.

つまり、この E は非合法の幻覚剤であるエクスタシーを表している。なので、この会話は「何か必要なものは？」という問いに「E で始まる薬物が必要だ」と言っているのである。

3.4. bitch with a capital C
この表現も bitch は b で始まるのに、C になっているので、普通ではない。

7. 〜 with a capital … の英語語法学的分析

例を見てみよう。

(14) Carolyn Spencer's not just a ***bitch with a capital C***, she's a fascist who should be tried and fried for crimes against democracy.
―― *Law & Order SVU*, S6E3

この発話では、スペンサーがひどいやつなので死刑にすべきだと言っていることが分かるが、なぜ capital C か分からない。

(15) A: I'm a ***bitch with a capital "C"***.
B: No! No, you're not! You're a great wife and a great mother.
―― *Desperate Housewives*, S3E6

この例では、自分のことを最低な女だと言っているらしいことが分かるが、なぜ capital C か分からない。
このことに関しても、インターネットに以下のような解説が見られる。

Bitch with a capital 'C'

A polite way of calling someone a 'cunt'. Bitch with a capital 'B' would be a super bitch, bitch on wheels, etc. Bitch with a capital 'C' ('C' being the first letter in 'cunt') is a clever way to get around saying the word 'cunt' in mixed or professional company.

For full effect, when saying this about someone, be sure to exercise the proper body language. I.e. raise one eyebrow, give a 'knowing' look, and slightly nod your head. Afterwards, follow up by saying, "You know what I'm saying?" and continue nodding to gain agreement from your audience.

Senator Clinton thinks she's all that, but really she's nothing but a bitch with a capital 'C'.

Lurlene think I's gonna work overtime tonite off da clock jus so she can make her bonus? Shiiiit! She be smoking som'tin. She ain't nuttin but a byatch with a capital 'C'.
—— http://www.urbandictionary.com/define.php?term=Bitch%20with%20a %20capital%20'C'

つまり、スウェアリングの cunt というひどい表現を頭文字だけをとって C と表現している。大文字であるということもそれを強調していると考えられる。なので、bitch with a capital C という表現は「本当に最低のあばずれ女」ぐらいの意味である。

４．頭文字ではなくその概念を強める
ここでは、with a capital の後にアルファベット一字でないものが来る表現について見て行く。

４．１．with a capital very.
これは very という語が来ている。

(16) Hillary: Why are you eye-stalking those two?
Kyle: I'm gonna tell Amanda the truth.
Hillary: Yeah, that's ***a bad idea with a capital very***.
—— *Kyle XY*, S2E3

カイルが「アマンダに真実を話す」と言ったところ、ヒラリーが「それは最悪の考えだわ」と反論している。普通なら、a bad idea with a capital B ぐらいの表現を使うところだが、「大文字の VERY が付くほどの悪い考えだ」という内容で a very bad idea という意味を強調している。

120

4.2. with a capital "o-m-g."

この表現も、アルファベットでも語でもない o-m-g が来ている。これは、oh, my god の頭文字をとったものだ。

(17) House: I'm not talking about him. I'm talking about *"him" with a capital "o-m-g."*

— *House M.D.*, S7E8

この場面は、ハウスが彼（＝患者）のことを話しているのではなく、神のことを話しているのだと述べているのである。

5. まとめ

以上のように、〜 with a capital … という表現一つをとってみても、いろいろな使い方があることを、具体例をあげて考察した。大文字を表すだけの場合、語の内容を強調する場合、〜の部分と … の部分が対応しない場合などの例をあげて、この表現の用法の複雑さを示した。

8．ダイクシスと語法

　一般的に、ダイクシスに関しては場所と時間と人称の3種類のものがある。これについては、今までいろいろな研究や解説がされてきたので、一般的に、理解が進んでいると思われるが、ここでは、一見奇妙に見える表現や用法を中心に取り上げてみることにする。

1．時のダイクシス
　時のダイクシスに関しては、問題になる表現はそんなに多くはない。ここでは、その中から yesterday や now などについて考察したい。

1．1．yesterday
　yesterday は「昨日」を表す語であり、主に過去時制と一緒に用いられるが、現代アメリカ英語では現在時制で次のように使われることがある。

(1) Look, whatever he is, whoever he is, I don't care. I need accurate Intel from him, and I need it **yesterday**.
　　—— *Lie to Me*, S2E8

(2) I need power back up on "B" ward I need it **yesterday**.
　　—— *Eleventh Hour*, S1E11

(3) Burke: Now, Denny, you knew that LVAD wasn't a cure.
　　Denny: I want to go home. I want to go home **yesterday**.
　　Burke: I know this is hard to hear, but that's just not an option at this point.
　　—— *Grey's Anatomy*, Season 2, Episode 22

例を見れば(1)と(2)には need、(3)には want と現在形で使われている事から明らかなように、この yesterday は「昨日」の事を言っているのではなくて、「すぐに」という意味を強調した言い方である。

1.2. now

英語の now は通例では現在形と一緒に用いられるのであるが、過去形とともに用いられることがある。例を見てみよう。

(4) And he added that while Carey ***was now*** obviously a changed person and had expressed remorse for his crime, he had still made no offer of compensation to his victims.
—— *Daily Mail* (London), March 9, 2011

この文の now は then と同じ意味を持つが、臨場感を出す時に頻繁に用いられる表現で時制は過去であっても、「その時」という意味で使われるのである。

さらに、この now に関して決まり文句で使われるのが、now was the time という表現である。例を見てみよう。

(5) A: I've given up the senate seat. Things seem a little up in the air, And you're wondering how you fit in.
B: Well, actually I thought maybe ***now was the time,*** you know ——
A: Do you remember the meeting I took with the institute for republican thought?
—— *Brothers and Sisters*, S4E16

この now was the time という表現は now is the time という表現が時制の一致を受けて is が was に変わったのだが、now は時制の一致を受けていない

という表現である。その理由は、now was となっていても、内容的には今の
ことを表しているからである。

2．人称のダイクシス

　人称のダイクシスに関しては、we や us の用法に関して興味深い現象が見
られる。まず、この用法の裏にある心理を探ってみたい。次の例を見てみよう。

(6) **Let's** go to bed. There you go. There you go. Nighty-night-night.
　　── *Brothers and Sisters*, S3E17

　これは、母親が抱いている赤ん坊を寝かせるためにベッドに連れて行く場面。
歩ける子供なら Go to bed. と命令するところだが、歩けない赤ん坊なので、
Let's go to bed. と赤ん坊と一体感を出している。このように、相手と一体感
を出すときに、we や us という表現が you の代わりに使われる事が観察され
るのである。具体例を見て行こう。

2．1．How are we?

　もちろん、How are we? というのは自分も含めて、みんなの状況を訪ねる
場合に用いられろ。例を見てみよう。

(7) **How are we?** Everyone all right? Earthquake, must be.
　　── *Doctor Who*, S4E10

　これはサファイヤの滝に行くために特別仕様のバスに乗り込んだところ、非
常に大きな揺れがあり、乗客が飛ばされ、ドクター・フーがみんなに向かって
大丈夫かと聞いている場面である。How are we? はこのような場合に使われる。
　しかし、通常は How are you? と使われる場面で、How are we? と用いら
れる事がある。例を見てみよう。

⑻ Knock, knock. *How are we?* Any nausea?

　　── *Friends*, S1E2

　これは病院に妊娠して入院しているロスの別れた妻キャロルの病室に担当医が入って来たときに、その医者の発言。患者の容態を聞く時にはこのように、相手のことを気遣って一体感を出すために you の代わりに we が使われる。

⑼ Derek: Hey! *How are we?*

　　Joanne: There they are! Our heroes! The ringing stopped. It stopped!

　　Derek: That's fantastic news.

　　Joanne: And the kid did good, right?

　　── *Grey's Anatomy*, S7E5

　この例も病院での会話。医者のデレックが患者のジョアンを訪れて、具合を聞いているところ。このように、医者が患者の容態を聞く時には、通例、How are you? ではなく How are we? が使われる。

　しかしながら、病院以外でも How are we? が How are you? の代わりに使われる事がある。例を見てみよう。

⑽ Cohen: Hello, Alex. *How are we today?*

　　Alex: You're here finally. Can you carry these to the storeroom?

　　Cohen: The storeroom. Sure.

　　── *The O.C.*, S2E5

　コーヘンが、自分が気に入っている女性の働いているところに訪ねて行って、調子はどうかを聞いている場面。ここでも、一緒にダンスパーティに行って欲しいため、彼女との一体感を出すために How are we? という表現が使われたと考えられる。

8. ダイクシスと語法

(11) A: Alexander! ***How are we*** tonight?

Alexander: Better for seeing you. They must be hugging themselves with glee to have someone of your calibre.

— *Hotel Babylon*, S3E2

ホテルで問題が起きて、（よく来てくれたわ）（連中は君が見方で感謝すべきだね）アレキサンダーを呼び出した。彼が現れたので、調子を聞いているが、頼みごとがあるので、引き受けてもら痛いので、How are we? と一体感を出している。

このように you を使うところで、we を使う事で相手との心理的な一体感を出そうとしている。

同様のことが、同様の意味を表す How are we feeling? という表現に関しても当てはまる。例を見てみよう。

(12) A: So, ***how are we feeling***?

B: I'm-I'm fine.

A: Fine. You?

B: What day is today, Will?

A: Wednesday?

B: Yeah...

— *Rubicon*, S1E1

これも病院での会話であるが、How are we feeling? という問いに対して、I'm fine. と答えているところに注意すべきである。

(13) Arizona: This is the first step in the start of a new life. ***How are we feeling?*** Positive? Confident?

Bailey: I am good. Great.

―― *Grey's Anatomy*, S5E16

　この会話は、アリゾナが離婚をしたベイリーに、新しい独身ライフに対する今の心境を尋ねているところだ。相手のことを興味本位で聞いているのではないことを伝えるために you ではなく we を使っているようだ。

２.２. Give us a hug.

　普通は「ハグしてよ」という場合、次の例にように、Give me a hug. という表現を使う。

(14)Come here. ***Give me a hug.*** Thank you.
　　　―― The Listener, S3E1

　ところが、Give us a hug. という表現を使うこともあるのだ。この表現は、そのまま理解すると奇妙な表現である。「ハグをしてくれ」という場合、自分は一人なのに Give me a hug. ではなく、Give us a hug. という表現を使っているからだ。

(15)Wallander: Oh.
　　　Linda: Hi, Dad!
　　　Wallander: Hi. Come in, come in.
　　　Linda: God, this place is squalid! Dad, forget it. ***Give us a hug.***
　　　―― Wallander, S1E1

　一人で暮らしているヴァランダーのところに娘のリンダが訪ねて来た場面。久しぶりに会ったので、リンダが「ハグしましょう」と言っている。
　では、なぜ Give us a hug. という表現を使うのだろうか。Us を使った場合、一方的なハグでなく、双方向のハグを表現したいので、この用法が広まって来

ているのだと思われる。

(16) Kay: Just tell the press that she fell down some stairs and hurt her leg.

Valerie: What did you do?

Kay: What all good girls do. The best I can. Come on. ***Give us a hug.***

—— *Columbo*, S7E3

電話で、報道陣には階段から落ちて足を怪我したと言うだけにしてと指示し、その後、自信をなくして自暴自棄になっているヴァレリーを慰めるために、「さあハグしましょう」と言っている。相手を慰めるために一体感を出すように us が使われている。

(17) George: What am I supposed to do in the face of something like that?

Cyrus: Absolutely nothing, Georgie. Tell you what. All is forgiven. ***Give us a hug.***

—— *The Arrow*, S1E13

これは、極悪人のサイラスが刑務所から帰って来て、部下のジョージに会ってハグを求めた場面だ。部下に裏切られないように一体感を出している。

次の例は、Give me a hug. と Give us a hug. が同じ人物によって、続けて使われている興味深い例だ。

(18) President: You're a great writer.

Toby: Thank you.

President: ***Give me a hug.*** Come on, ***give us a hug.*** There you go.

—— *The West Wing*, S1E4

この場面は大統領のスピーチライターであるトビーが大統領のことを思い
やっていいスピーチを書いてくれるので、大統領がハグしようと行ってハグし
ている場面だ。まず、Give me a hug. と言って、次に Give us a hug. と一体
感を出して双方向のハグを強調している。

2.3. Give us a hand

「手伝ってくれ」という場合には Give me a hand. という表現を使うのだが、
Give us a hand. という表現を使う場合もある。例を見てみよう。

(19) Dr. Who: Rose! *Give us a hand*. Soon as the cone's activated, if that line
     goes into the red, press that button. If it doesn't stop... Setting 15B,
     hold it against the port, eight seconds and stop. 15B, eight seconds.
     —— *Doctor Who*, S2E12

これは、ドクター・フーが、ローズに手を貸してくれと頼んでいる場面。自
分に手を貸して欲しいので、me が使われるのが理にかなっているが、手を貸
してくれて、自分と一緒に取り組もうという含みを出すために us を使ってい
ると考えられる。
　次の例は、屋根に登ろうとして落ちかけて、ぶら下がっているジェーンが、
屋根の上にいる保安官を見つけて、「どこから登ったんだ」と尋ねている場面。
保安官がジェーンを引っ張り上げるために、文字どおり「手を出せ」と自分の
手をつかむように手を差し出している。ここで、us を使うことで、お互いに
協力し合い、頑張ろうという意味を込めている。

(20) Jane: Where did you come from?
     Sheriff: *Give us a hand.*
     —— *The Mentalist*, S6E5

2．4．Give us a kiss.

Give me a kiss. なら、「キスをして」という意味だが、Give us a kiss. とすると、双方向のキスを表し「キスをしよう」という含みを表す。

(21) He said: "Hello, beautiful." She scrambled to her feet quickly. She hated drunks-they were so undignified. "Please go away," she said. She tried to sound firm, but there was a tremor in her voice.He staggered closer. "***Give us a kiss***, then." "Certainly not!" she said, horrified. She took a step back, stumbled and dropped her shoes.

—— Ken Follett, *Night Over Water*

この引用部分は嫌がる女性に「キスをしよう」と述べている場面である。Give me a kiss. を使うと、「キスをしろ」という命令のように響くため、Give us a kiss. という表現を選び、命令という響きを和らげている。

次の例を見てみよう。

(22) It goes with my skin tone. You? You got your father's coloring. ***Give us a kiss.***

—— *Glee*, S2E8

これは、スーが自分の理想の結婚相手は自分だと気付き、結婚式の招待状をみんなに送り、母親のドリスが訪ねて来てスーの結婚式で歌う歌をスーと一緒に練習し終わった場面だ。Give us a kiss. と言いながら、ドリスがスーの頬にキスをして、スーはチュッと口でキスの真似をしただけだった。つまり、このGive us a kiss. という表現は話し手がキスをしたいので、キスをしようという提案をする表現であることが分かるのである。

２．５．Give us a chance.

この Give us a chance. という表現も、Give me a chance. という表現よりも双方向的で、私に協力して欲しいという意味合いが含まれている。例を見てみよう。

(23) House: We can't find your tumor in time without your cooperation. So I'm giving you a choice. ***Give us a chance*** to make you better, or stick this anywhere and push.
――*House, M.D.,* S7E3

ハウスが死にたいという患者に対し、患者の協力なしに腫瘍は見つけられないと言い、治療に協力して欲しいと述べている。

(24) Watson: Alex Woodbridge didn't know anything special about art.
Sherlock: And?
Watson: And…
Sherlock: Is that it? No habits, hobbies, personality?
Watson: ***Give us a chance.*** He was an amateur astronomer.
――*Sherlock,* S1E3

ワトソンが調査をして、わかった情報があまりにも少ないので、シャーロックは「それだけか？」と不満気味。ワトソンは Give me a chance. ではなく、Give us a chance という表現を使い、「私にやらせてくれ」と頼んでいる。これも一体感を表す表現になっている。

２．６．Give us a break.

「やめてくれ」という意味を表す場合、Give me a break. という表現が使われるが、次の例では Give us a break. という表現が使われている。

8．ダイクシスと語法

(25) Monk: Listen. Oh, come on. Listen, you can hear that. It's even louder now. By all that's holy! ***Give us a break!***

── *Monk*, S7E1

　幻聴に悩まされた探偵のモンクが、ナタリーに「ピアノの音が以前より大きくなっている」と不満を述べ、窓を開けて外に向かって「もう勘弁してくれ！やめてくれ！」と叫んでいる場面。Give us a break. という表現を使うことにより、自分と同じような仲間がいて、その人たちも含めた私たちのためにやめてくれというニュアンスが含まれるのである。

3．場所のダイクシス

　場所のダイクシスに関しては、come と go の使い分けについての研究がよく行われて来たが、ここでは、here と there と共起する場合の用法を中心に見ていくことにする。その前に、there の用法で興味深いものを見ることにする。

3．1．Are we there?

　一般的に、here は話者の近くのものを指し、there はそれ以外のものを指すと説明されているが、近くの場所の場合にも there が現れる場合がある。例を見てみよう。

(26) A: We've stopped.

　　 B: Have we stopped?

　　 A: ***Are we there?***

　　 B: We can't be. It's too soon.

── *Doctor Who*, S4E10

これはスペース・トラックに乗って旅行をしている時に、トラックが急に止

133

まったので、乗客が「目的地に着いたのか？」と聞いている場面だ。

(27) Payne: What was that?
　　 Melinda: Nothing.
　　 Payne: *Are we there yet?*
　　 Melinda: No. Let's go.
　　 ── *Ghost Whisperer*, S3E14

　洞窟の中を目的地点に向けて進んでいる時の会話だが、この there は初めに想定した目的地のことを指していて、出発点で考えた場合の距離感に基づいて there が使用されている。

(28) A: Are we there yet? *Are we there yet?*
　　 B: Jeez. *We're here.*
　　 A: You sure this is the right place?
　　 B: I found it on the penthius satellite map.
　　 ── *Ghost Whisperer*, S5E11

　この例では目的の場所まで車で来て、車の中で「まだ先なのか？」と聞いている。運転している男が「ここだ」と言って車を止めるという場面だ。今、話者がいる地点を指して here と使い、出発時に想定した地点を表す there の対比に注意して欲しい。

3.2. come there と go here

　話者の周りを指す here、話者の周りに入ってくることを表す come、話者の周り以外を指す there、話者の周りから出てゆく go ということを考えると、come here, go there が一般的な表現だということが容易に理解できる。ところが、come there や go here という、一見、おかしいと思われる表現が使用

8．ダイクシスと語法

される。それらの表現を考察する。

3.2.1. come there
まず、come there という表現を見てみることにする。具体例をあげる。

(29) A: Come here.

B: Okay, I'll ***come there***.

―― *Desperate Housewives*, S4E2

この come there の用法は一番理解しやすい。Come here. という言葉に対し、相手のところに行くので there が使われ、相手を立てて、相手の視点に立ち、相手から見ると相手に近づいて来るので come が使われている。

(30) I was trapped inside the NSA. It felt like years. He ***came there*** to murder me. – *Dollhouse*, S2E10

ここでは、自分が NSA にいた時、彼が殺しにやってきたと述べている。つまり、昔を振り返り、自分のいた場所を there で表現し、そこにいた自分の視点で、彼がやってきたことを述べているため come を使用している。

(31) A: I know he wasn't a gang member and you are.

B: Was.

A: The only reason he was......in that neighborhood is because of you. He only ***came there*** twice. Said he didn't like me banging. Kept telling me that I was better than all that. That he loved me. He was gonna get me out.

―― *ER*, S7E8

135

ここでも、以前に相手が住んでいたところを指すのに there を使い、その場所に視点を移し、そこに彼が 2 度来たということで come を使っている。

(32) Sarah: See? I bullied him. I hate that.

Nora: And a lot of guys would not have done that, including Joe, who would've stayed home and sulked. But your boyfriend ***came there*** to show you his support because he... must love you or like you a lot.

── *Brothers and Sisters*, S4E8

　母親のノーラが娘のサラの新しいボーイフレンドのルークについて素晴らしい男だと褒めているところ。ルークがワインフェスティバルに来てくれたことを話しているので、ワインフェスティバルのことを there で受け、自分がそこに参加していたので、そこに視点を移し、彼が来たので come を使っている。

(33) Columbo: So then he would split that money with you?

Justine: That's right. I know it's not the most savory way to make a buck...

Columbo: Oh, no. Please. No, I'm not here to judge.

Justine: Well, I appreciate that.

Columbo: All right. So last night, he ***came there*** to give you your cut of the last deal.

Justine: That's right. Looking back, he was probably putting his accounts in order.

── *Columbo*, S10E14

　コロンボが、事件の背景を調べようと死んだ男の友人のジャスティンのところに来て、彼がパーティで有名人の問題のある写真を撮り、有名人を脅迫して

136

金儲けをしていたことをコロンボに話している場面。昨晩、その亡くなった男がジャスティンに分け前を渡すためにパーティに来た事をコロンボは突き止める。昨夜のパーティなので、それを there で表し、そのパーティにジャスティンが参加していて、そこに亡くなった男が現れたので come が使われている。

3.2.2. go here

come there と同様に、go here という表現も使われることがあるので、それはどのような場合かを見て行くことにする。

次の例は、公認会計士が書類を手元で分類している場面である。

(34) This **goes here**. Add this to this. You **go here**. There you are.
— *Monk*, S7E15

「この領収書はこっち、これはここ、君はここだ」と机の上の書類を整理して分けているため、すぐ目の前のラックに置くので here が使われている。書類は自分の手元からラックに置かれるため、自分の周りから出て行くと捉えているため go が使われている。

(35) Head of the Preschool: I'm sorry to ask this, but we've had some problems with parents coaching kids. Rachel caught onto our toys unusually quickly, and she even knew the game was called "Feed the Monkey."

Cuddy: Uh, well, as eager as I am to have her **go here**, I promise you I would never do that.
— *House M.D.*, S7E10

保育園の園長が事前にレイチェルに指導をしていたのではとカディに尋ねている場面。「いくら入園させたくても事前に教えたりしません」と答えている。

137

この保育園という事で here が使われ、今、保育園にいるので、そこに視点が映り、普通なら come が使われるのだが、ここでは子供を「保育園に通わせる」という意味で go が選択されている。

(36) Blair: What are you doing here, making sure the dean knows it's all my fault?
Serena: No. I came to tell him that Yale is your dream, and you deserve to *go here* more than I do.
── *Gossip Girl*, S2E6

ブレアはセレナとキャンパスで会って、選考部長に悪口を言いに来たのかとセレナに問い詰める。セレナはそれに答えて、「ブレアは私よりイェール大学にふさわしいと行って来た」と答えている。この場合も、現地に行っているので、here が使われる。また、大学に視点を移せば、通例 come が使われる。しかし、これも上の例と同じように「大学に通う」という事で go が選択されている。

(37) "But you're going back?" He looked confused, she had already told him she was going back to school after Christmas.
"Yeah. I've got to get back to school," she said matter-of factly, as the road curved lazily toward the lake. His fishing pole was in the truck behind them.
"Why don't you *go here*?"
"I can't," she said, not wanting to elaborate further. And then to change the subject for a little while, she looked at him, wondering what his family was like, and why he never seemed to want to be with them.
── Danielle Steel, *The Gift*, p.78/210

この例に関しても、上で見たのと同じ原理が働いている。学校に通うという場合の go to school は、視点が移動しても come to school とはならないのである。

4．まとめ

ここでは、時のダイクシス、人称のダイクシス、場所のダイクシスの中で、一見するとおかしく見えるものを取り上げ、具体例をあげながら、その背後に働いている原理に関して考察した。特に、me の代わりに用いられる us という表現が「一体感を表わす」時に使用されることを突き止め、come there と go here という表現についても、基本的な原理の組み合わせで使われていることを考察した。特に「通学する」という go to school という表現が go here という表現に置き換わることがあったとしても、come here という表現に置き換えられないため、視点が学校に移ったとしても、通学するという表現では come ではなく go が使われることを突き止めた。

9．英語表現の変化や用法の拡張について

英語の用法は時の変化とともに変遷をとげるのが普通であるが、ここでは、いくつかの表現を取りあげて、用法の拡張について見て行きたい。

1．時の経過により別の単語が使われる

同じ意味内容を表すのに、時の経過とともに新しいものが生まれたためにその表現の一部分に変化が起こることがある。

1．1．a walking dictionary

物知りの人のことを英語では a walking dictionary（歩く辞書）と呼んでいたが、最近では何でもよく知っている人のことを a walking encyclopedia（歩く百科事典）というようになって来ている。

(1) A: You even said that you warned Dr. Kovac to get rid of him … but he ignored you.

B: That's not how it happened.

A: Oh, Dr. Weaver. Not now.

B: Uh, rehire me, please. I'm efficient. I'm *a walking encyclopedia*.

—— *E.R.,* S13E2

これは時代とともに物知りの事を a walking encyclopedia と呼ぶようになったが、もっと専門分野で特定に事をよく知っているという事を表す場合に、別の語が使われる可能性がある。次の例は事件のことを細部にわたってよく覚えている人のことを a walking case file と呼んでいる。

141

(2) A: Hello, Mike.

    B: Agent Phillips, what can I do for you?

    A: I'd like you to come to New York. You're *a walking case file*. You could be a great deal of help.

—— *The Following*, S2E1

さらに、IT が進化している今日、まだ定着はしていないが、次のような表現も使われつつある。ここでは、タブレットのように何でもすぐ情報が手に入る人という意味で a walking tablet が使われている。

(3) He was practically *a walking tablet of Berocca* and it only added to his legend. – Will Tidey, Life *with Sir Alex: A Fan's Story of Ferguson's 25 Years at Manchester United*, p.10

このように、時代とともに a walking dictionary という表現は dictionary の部分を新しい同等のものに変えて用法の拡張が行われている。

2．限られた用法が一般的に使われるようになる

ある限定された状況でしか使われなかった表現が、時の経過とともに一般的な状況でも使えるようになることがある。

2．1．No smoking.

英語の No smoking. や No parking. という表現は掲示・標識に使われている。もともとは、No |smoking / parking| is allowed. という表現の is allowed が省略されたものと考えられる。この表現が会話の中で Don't |smoke/ park| (here). という意味で命令文として使われるようになって来ている。実例を見てみよう。

(4) *No smoking, no food, no drink.* Eye and ear protection are

142

mandatory. Your weapon must be pointed downrange at all times.
— *NCIS LA*, S3E23

射撃場で、係員が説明をしている場面。「ここでは禁煙、飲食禁止で、目と耳は常に保護、銃口を下以外に向けてはいけない」と禁止事項の説明をしている。

(5) I'm trusting you and your friends to have a good night, okay? ***No smoking, no drinking, no driving.*** And more importantly, ***no calling Brennan.*** — *Bionic Woman*, S1E6

この場面も、いろいろなことをあげて「絶対しないように！」と述べている。つまり、No smoking. という表現が「掲示・標識」から、一般的な表現に変化したと考えられる。

さらに、この No ...ing. という「掲示」でない一般的な会話表現が、smoke や park 以外のと動詞で、命令を表す表現として、自由に使われるようになってきている。一番よく使われるのが No kidding. という表現だ。

(6) A: I'd say our victim dug the bodies up and then cut the heads off.
　　B: ***No kidding,*** Sherlock.
　　— *Castle*, S4E21

ただし、この No kidding. という表現は、通例、「からかうな」という強い命令というよりも、「からかわないでくださいよ」という軽い命令を表す。このほかの動詞の例をあげておく。

(7) Saul: Hey, hey, hey! ***No manhandling.*** Somebody's gonna get hurt.
　　Kitty: Oh, Mr. Uncle Saul.

Saul: Don't you "Mr. Uncle Saul" me. I heard you on the radio.
—— *Brothers and Sisters*, S1E1

　この場面は、帰郷した孫のキティが久しぶりに会ったトミーと抱き合っていると伯父のソールが「そんなにきつく抱いたら壊れるぞ」と言っている。ここでは、完全に命令文と同じ働きをしている。

(8) Yang: ***No cutting. No cutting.***
　　Karev: Yang, you're late!
　　Yang: Hey, I got here before George.
　　O'Malley: I'm here. I was here.
　　　—— *Grey's Anatomy*, S3E4

　ベイリーの後に続いてくるように言われて、ヤンがオマリーに「横入りは無しよ」と言っているところだ。この No cutting. も Don't cut in の意味で使っている。

(9) A: I don't like this. I got a bad feeling about this.
　　B: Stop your whimpering.
　　A: You got a better idea?
　　B: Screw you!
　　C: Hey, knock it off. Screw you, I —— knock it off! Both of you. We gotta stick together here. ***No more squabbling.***
　　　—— *The Mentalist*, S5E9

　これも、仲間割れしだしたＡとＢに対して、Ｃが一致団結しなければならないので「これ以上喧嘩はするな！」と言っている。

144

9．英語表現の変化や用法の拡張について

(10) A: In order for me to get a clean C.T. scan, I need for you to be
　　　 perfectly still, which means...
　　 B: *No talking?*
　　 A: *No talking.*
　　 — *Grey's Anatomy*, S11E17

　これは、医者が患者に「綺麗な CT を撮るには動かないで欲しいのです」と
言って、「それはつまり」と言ったところで、患者が「話してはいけないの
ね？」と尋ね、それに「話すのは禁止です」と答えている場面だ。
　このように、元々は掲示や標識に使われていた No ...ing. という表現が、用
法が拡張されて、日常の会話表現の命令を表す典型的なパターンとして発展し
て来ていると考えられる。

2．2．be on the house

　「店のおごりで」という時に、be on the house という表現が使われるのはよ
く知られている。一般的に、この表現は次の例のようにレストランやバーで
「料金はこの店が持ちます」という時などに使われる。(11)はバーで、バーテ
ンダーが女性の所にお酒を届けている場面。(12)はレストランで発話されたも
のだが、「飲み物の料金はレストランが持ちますよ」と言っている。

(11) Drinks *are on the house.* — *Columbo*, S8E3
(12) Well, drinks *are on the house*, Johnnie. Food you pay for, like
　　 everybody else. — *Cold Case*, S7E6

　このように、飲み屋等で店のおごりという時に on the house が使われるの
だが、この house は「飲食店」という意味を表していて、steak house や
coffee house などのように使われる。
　次の例は、電気量販店でのやりとりだが、この用法が拡張されて「店がその

145

料金を持ちます」と言っている。

(13) A: I think I'll just get the CPU somewhere else.

B: Wait, wait, wait! No, no. Uh… You-you should just take it, you should take it.

A: What do you mean?

B: It*'s on the house*.

—— *Chuck*, S3E6

さらに、次の例では「ホテル」にまで拡張されて使われている。

(14) A: Well, I didn't order any room service.

B: *It's on the house.*

—— *Hotel Babylon*, S3E1

3．意味的なものが数や品詞を変えるようになる

ここで考えたいのは bananas という表現である。banana の複数形の bananas が「正気ではない」という意味で使われる。

3．1．... is bananas

『ウィズダム英和辞典』には be bananas という表現がイディオムとして取り上げられていて、「《くだけて》〈人が〉正気じゃない，おかしい」という意味で使われることが分かる。ところが以下の例を見てみると、bananas と banana の複数形が使われているのに、単数扱いになっている。

(15) Now would one of you gentleman like to tell me why one of our confidential informants faked his way into a restricted area?

This *is bananas*; we're not a threat, we came to you.

——— *The Listener*, S2E3

(16) Penelope: Uh, I found fan mail to Dante. Vampire fan mail. ***It's bananas.***

Reid: Obsessional?

Penelope: Ad infinitum and beyond.

——— *Criminal Minds*, S5E7

バンパイヤに対するファンレターが「異常だ」と話しているが、It と単数のものを受け is が使われ、その後に bananas と複数形の名詞が来ている。

(17) Husband: Yeah, our social life is just crazy these days. Seems like every night we have some fancy party.

Wife: ***It's just bananas!***

——— *Desperate Housewives*, S4E14

最近付き合いで忙しく、ほぼ毎晩パーティのようだなと夫が言ったのに答えて、妻が「本当に大変だわ」と述べている。これも、It's となっているのに bananas と複数形が使われている。

(18) INSTRUCTOR: Okay, people. Time to get started. Take your seats.

A: So your hubby's been in rehab. ***That's just bananas.***

——— *Desperate Housewives*, S4E14

この例でも、インストラクターが始めるから全員座るように促した場面で、A が「リハビリか。そりゃ確かに大変だなあ」と述べている。ここも、That's と単数のものなのに、bananas と複数形が使われている。

次のように are you であれば問題はないのだろうが、なぜ bananas が単数

形で受けられているのかが説明できない。

(19) A: What I did is no worse than what you and your father had planned for me.

B: All right, let's go.

A: Oh, man, ***are you bananas***? Let me see that thing.

―― *Columbo*, S9E5

　ここで考えられるのは、bananas という表現の意味が crazy という意味なので、意味を中心に考えて bananas は形容詞と解釈していると理解できるということである。この解釈が正しいと考えられる証拠としては、次のような go bananas という表現が使われることがあげられる。

3.1.1. go bananas

　もし、bananas が名詞であれば、go という自動詞の後に前置詞がつけられるはずである。

(20) You know, my daughter, when she was 3 years old, she hadn't see her uncle in five, six months, and then we comes around, goes to pick her up, and she ***goes bananas***. I mean, she loses her mind, like she's never seen the guy in her life.

―― *Hawaii Five-O*, S1E15

(21) Tabus: And you're glossing over Thirteen's departure because you actually respect somebody's privacy?

House: I agree. It's weird of me not to care. So either I'm a changed man because of Cuddy, or I'm pretending to be a changed man because I do know something about Thirteen and I'm trying to throw you off the scent, or I've just ***gone nutty bananas*** because

I lost a patient.

—— *House M.D.*, S7E2

(22) A: I think you need some coffee.

Lou: What do you mean?

A: Had a few cocktails on the plane, Lou?

Lou: Look, I get nervous when I fly. So what?

A: Alcohol does different things to different people at different altitudes.

Lou: Hey, I was fine. He *went bananas*. Why don't you just ask the flight attendant?

—— *CSI*, S1E9

以上の例で分かるように、go bananas は「頭がおかしくなった」という意味で使われているが、go crazy と同じ意味を表しているので、bananas を形容詞として認識していると考えられる。

3.1.2. { be / go } bananas for

上で go bananas が go crazy の意味で使われ、その影響で bananas が形容詞として使われていると考察したが、crazy には「夢中になる」という意味もある。そのため bananas も「夢中になる」という意味で使われだして来ているという証拠を示す。

(23) She's just *bananas for* walking around in nature.

—— *Modern Family*, S2E21

こちらの例は be bananas という表現だが、その後に for がつき、be crazy for と同じ形になっている。be crazy for は「～に夢中である」という意味だが、この例でも分かるように、「ハイキングに夢中である」という意味で使わ

れている。

　同じように、go bananas for という表現も「〜に夢中になる」という意味で使われている。

(24) I don't envy the device. During the last decade, like almost everyone else on the planet, I *went bananas for* photos and videos.
── *International New York Times*, May 15, 2014

4．用法の拡張が行われた bucket list という表現

　「しなければならない事のリスト」を、英語では次例のように to-do list と呼んでいる。

(25) I'm sorry, I suddenly realized that this has been on my *to-do list* for the last 18 years. – *Medium*, S2E5

　このリストの生涯版、「死ぬまでにやりたい事のリスト」の事を bucket list と呼んでいる。この表現は「死ぬ」というイディオム kick the bucket に由来する。特に、映画 *The Bucket List* (2007)、邦題『最高の人生の見つけ方』が上映されてから、この表現が広く使われるようになったようだ。例をあげておく。

(26) You think I should make *a bucket list*? – *Lost Girl*, S1E9
(27) One more thing to *cross off my bucket list*, right? – *Gossip Girl*, S5E14

　もともと、上のように kick the bucket という表現から来ているので、「死ぬまでに」という意味を持っているはずが、上で見た to-do list と同じ意味に解釈されるようになってきたようで、次例のように pre-30 を修飾語として伴

い「30歳までにやっておきたい事」という意味の用法が広まってきている。もちろん pre-40, pre-50, pre-60 や pre-20 なども使えるが、この順で頻度が少なくなる。人生で人の人格が完成するのが30歳までである事と関係があるようだ。

(28) Hey, have you made your ***pre-30 bucket list*** yet?
　　── *Bones*, S8E14

さらなる用法の拡張があり、通例は個人の死ぬまでにやりたい事のリストなのだが、次例のように、ジャクソンヴィルという地域で住民がやりたいことのリストという意味にまで拡張して使っている。

(29) With that in mind, they created a "***Jacksonville bucket list.***" And I asked readers to join in, to send a list of things that you would want to do before leaving town.
　　── *The Florida Times Union*, January 29, 2010

次に、連語関係を調べてみると、list に使う表現がそのまま引き継がれているのが分かる。「リストを作成する」には make が使われていて、次のように表現されている。

(30) Kenzi: You are gonna make a list of things you didn't get to do...and you're gonna do them.
　　Kavanaugh: You think I should ***make a bucket list***?
　　Kenzi: Exactly.
　　── *Lost Girl*, S1E9

また、「リストに載せられていない」は not on the list という表現が引き継がれている。

(31) You know what? That was **not on my bucket list**, okay?
    —— *Reverage*, S3E14

そんなことは俺が「やる必要のないことだ」という意味で使われている。さらに、リストの項目を消すという時には、cross off や check off が引き継がれて使われている。

(32) Guess you can **cross that off your bucket list**.
    —— *House*, S8E12

普通のリストと違うのは、次例のように「死ぬまでに絶対やらなければならないことをきちんとやって行く」という意味になる。

(33) Well, I'm... I'm dying. I got to live every moment to the fullest. **Check off that bucket list**.
    —— *90210*, S3E21

さらに、次のような使い方もある。

(34) Well, mother of three in Chicago won't be **finishing her bucket list**. Perfect timing. I've been eyeing this Lexus.
    —— *Reverage*, S1E9

この文のように won't be finishing her bucket list というのは「死ぬまでにやりたいことができなくて死んでしまいそうだ」という意味になる。ここが普通の買い物リストとは大きな違いがある。

152

9．英語表現の変化や用法の拡張について

5．「専業主婦」という表現

「専業主婦」を英和辞典で引くと、full-time homemaker, full-time housewife, full-time mom というのがあげられているが、最近ではそれよりも stay-at-home mother や stay-at-home mom の方が使われるようになってきている。今では圧倒的に stay-at-home mom の方が主流である。つまり、役割重視から、家にいるかどうかが問われるようになって来ているのである。

(35) The proportion of women who are ***stay-at-home mothers*** briefly dropped below 10 per cent last summer, and stood at 10.1 per cent at the end of 2014, the report said.

── Daily Mail (London), March 3, 2015

(36) There's a line around the store of ***stay-at-home moms*** ready for the sale tomorrow.

── *Chuck*, S3E19

(37) A: We'll know exactly where you are at all times. You won't be alone.

B: Are you with the F.B.I.

A: No. I'm a ***stay-at-home mom***.

── *24*, S7E24

また、「専業主夫」という表現が日本語でも使われるようになって来ているが、英語でもこの概念を表す表現として stay-at-home dad という表現が使われている。

(38) A: They were both home in the middle of the day?

B: He's ***a stay-at-home dad***. Makes custom furniture. She works as an accountant.

── *Body of Proof*, S1E7

(39) He must have a lot of time on his hands. But that's nice. He can be the

153

stay-at-home mom. Actually, it... it... it's *stay-at-home dad*.
—— *Brothers and Sisters*, S5E18

しかしながら、今では、男女の別を表さない stay-at-home parent という表現が使われるようになってきている。

(40)Being a *stay-at-home parent* could be worth the equivalent of €42,000 a year to a family, according to new research.
—— *Daily Mail* (London), August 11, 2016

このように、stay-at home は主に形容詞的に使われているが、次の例のように、stay-at home が名詞として使われる例も目にするようになって来た。

(41)Dad's an optician at Stonybrook Mall. Mom's *a stay-at-home*.
—— *CSI Miami*, S1E8

また、夫に対しての専業妻という a stay at-home wife for ～ という表現も使われている。

(42)Look at poor Posh. Before her head-to-head with Kylie she was the most popular Spice Girl - now with a failed book and single she's all set to become *a stay-at-home wife for* David Beckham.
—— *Daily Record (Glasgow, Scotland)*, October 6, 2001

6. 専門用語だったものが日常用語に変わった sibling

以前は専門用語としてしか使われなかった sibling という表現が、男女を区別せず、日本語の「きょうだい」のように使えるとのことで、近年、頻繁に使われるようになった。以前であれば、「何人きょうだいですか」という質問を

154

する時には How many brothers and sisters do you have? というのが普通だっ
たのが、今では How many siblengs do you have? というようになって来てい
る。例を示しておく。

(43) A: How many *siblings* do you have?

B: Six.

—— *E.R.*, S8E16

(44) A: How many *siblings* do you have?

B: Three brothers. I'm the oldest. I'm the oldest of five.

—— *The Mentalist*, S7E7

この sibling の専門用語から日常用語への用法拡張の理由としては、男女を
まとめて表現できる便利さが考えられる。3語を使って表していたものを1語
で済ますことができるのが大きな要因であろう。

7. -ish の用法について

接頭辞は意味を変え、接尾辞は品詞を変えるという基本的な役割を担ってい
るが、ここでは現代英語で多用されている –ish という接尾辞の用法について
考えて見たい。

-ish という接尾辞は名詞に付くと childish のように「〜のような」「〜じみ
た」という意味を持ち、形容詞に付くと oldish のように「〜ぽい」という意
味を持ち、数につくと sevenish のように「〜ごろ」という意味になる。

ところが、現代英語では、色々なものに付けて「〜気味の」「〜がかった」
という意味で使うようになって来ている。例を見てみよう。

(45) A: So are you really gonna be saying pompously relevant stuff on TV?

B: Well, they need someone young-*ish* from the right.

—— *Brothers and Sisters*, S1E1

ここでは、「若く見える」ぐらいの意味で使われている。ここで注目したいのは youngish ではなく、young-ish とハイフンをつけている点だ。つまり、臨時的にこういう表現を使っていて、きちんとした語としては定着していないことを表している。

以上の例を見れば、形容詞に ish が付けられて使われている。しかし、形容詞だけでなく、名詞にも付けられて使用される。例をあげる。

(46) Luca: Cancer? Are ── are you sure about that?
　　　House: See that tumor-***ish*** thingamajig near her "brainamabob"?
　　　Luca: Oh, God.
　　　── *House M.D.*, S7E23

ルカにガンかどうか尋ねられたので、ハウスは腫瘍ぽいものが見えるだろうと画像を見せている。ここの tumor-ish は「...っぽい」という意味で使っている。

(47) A: So is anyone gonna talk about my dress?
　　　B: I like it.
　　　A: You sure? I mean, it's not too mom-***ish***?
　　　B: That was why I liked it.
　　　A: You're both crazy. It's not mom-***ish*** at all. It's sexy.
　　　── *Buffy the Vampire Slayer*, S5E15

ここの -ish も「...っぽい」という意味で使われていて、ドレスの評価をみんなに聞いたら、「いいわ！」というので、「本当？お母さんぽくない？」と聞いている。

　　以上の、ハイフン付きの -ish という表現から派生した、...ish という表現が

最近よく観察されるようになった。この ...ish という表現は、自分が発話した言葉に自信がない場合に、後から付け足して「多分ね」と意味を弱める働きをする。例を見てみよう。

(48) Divya: I will have Jill call you as soon as she's extubated. How does that sound?

Hank: It sounds fine...***ish***.

―― *Royal Pains*, S3E5

「それはいいな」と言って賛同しているが、少し自信がないので ish をつけて「多分ね」と言っている。

(49) A: He's stable?

B: He's critical, I have to keep checking his acid-base balance, but yes. He's stable...***ish*** for now.

―― *Grey's Anatomy*, S7E7

容態が安定しているかどうか尋ねられて、酸塩基平衡をチェックしていて「安定してる」と答えているが、自信がないので「一応は」という意味で ish を付け加えている。

次の例も、アンナの両親とはうまく行ったのかどうか聞かれて、「うまく行った」と答えた後で、自信なげに ish と付け加えている。

(50) Chuck: And how was, uh, meeting Anna's parents?

Morgan: Uh, it was... it was fine. You know, I think it went, uh, okay ...***ish.***

―― *Chuck*, S1E11

次の例も、自信がないことを表すための用法で、totally complete stop とい
う表現の complete の後に付け加えて「多分」という意味を表している。

(51) A: I get it from your Aunt Pearl.

　　　 B: Jackson Rod Stewart, how could you?

　　　 A: Dad, I swear, I made a totally complete *...ish* stop.

　　　 ── *Hanna Montana*, S3E24

また、次例も、同じ用法なのだが、本当に自信がないために、...ish の後に
Possibly green. と他の可能性を述べている。

(52) McGee: He had a friend with him? You catch his name?

　　　 Man: No, he stayed in the car. And I didn't get a good look at him.

　　　 McGee: What about the car ── the make or the model?

　　　 Man: Um, I think it was red*...ish*. Possibly green.

　　　 ── *NCIS*, S14E10

　捜査官のマギーが目撃者に問題の男について問いただしている場面なのだが、
目撃者に車の事を聞くと、赤い車だと答えたのだが、その後ですぐに Ish. と
付け加えている。そして「緑かもしれない」と言っている。つまり、「だった
と思うけど」ぐらいの意味で使っている。

　この ...ish という表現が、さらに拡張して、それだけで1語として認識され
るようになって来ている。その場合、自分の発言に訂正を加えるのではなく、
相手の発言を訂正する機能を持った表現になっている。そのことを表す絶好な
ものが次例である。

(53) A: Is that new?

　　　 B: *Ish.*

158

9．英語表現の変化や用法の拡張について

A: Did you get it in Phoenix?

B: Actually, I got it a couple of weeks ago for you.

── *Brothers and Sisters,* S2E11

「それは新しいもの？」と聞かれて「まあね」と答えている。否定ではないが肯定でもない場合にこのように独立して Ish が使用される。

もう一例見てみよう。

(54) Female Detective: You wanted to see us, chief?

Chief: What's your caseload like?

Female Detective: Light.

Male Detective: ***Ish***.

Chief: Good answer.

── *Psych,* S2E12

忙しいか尋ねられて、女性探偵は「少しだけ」と答え、男性探偵は light に ish をつけることで、「ほんの少し」と答えている。

(55) Doctor Who: It was jumping time tracks all over the place. We're bound to be a little bit out. Do you want to drive?

Girl: Yeah. How much is a little?

Doctor Who: A bit.

Girl: Is that exactly a bit?

Doctor Who: ***Ish.***

── *Doctor Who,* S1E9

この例は、タイムマシンで到着した二人の会話で、ドクター・フーが「ちょっと予定の場所から外れることがある」と説明すると、少女が「少しっ

159

てどのくらい？」と問いただしている。ドクター・フーは「少しだけさ」と繰り返すので、「本当に少しだけなの？」と再度確かめると、「まあそのくらい」と Ish を使っている。もう一例見てみよう。

(56) A: How many sites are you on, Coop? Two? Five? Ten?
　　B: *Ish.*
　　── *Private Practice*, S2E4

これも、数的なことを尋ねられ、はっきり答えられないので、「まあ、それくらいのところだ」という意味で Ish を使っている。

(57) Caitlin: And with these gloves that Cisco rigged up, you'll be able to do what she does.
　　Iris: Don't worry, they are totally safe.
　　Dr. Wells: *Ish.*
　　Iris: *Ish?*
　　Cisco: Well, come on, it's gotta be believable, so they really do fire and explode things.
　　── *The Flash*, S2E6

ここでは、この手袋をはめると彼女と同じ能力を発揮できると説明し、それに賛同するようにケイトリンが「安全だから大丈夫よ」というと、ウエルズ博士が totally safe を受けて、「多分ね」という意味で Ish. と言っている。それに対してアイリスが「多分ねってどういうこと？」と尋ねている場面。

(58) Derek: We should invite her over... For dinner.
　　Meredith: Why?
　　Derek: She's family.

160

9．英語表現の変化や用法の拡張について

Meredith: ***Ish.***

Derek: Dinner tomorrow night. It's what people do.

Meredith: What people?

── *Grey's Anatomy*, S11E6

デレックが、彼女を食事に招待すべきだというと、メレディスが「なぜ？」
というので、「家族だろ」と答えている。それに対し、Ish. と言って「まあね」
ぐらいの意味で使っている。

以上のように、接尾辞の –ish が、自信のないときに付け足す ...ish の用法に
拡張し、さらに Ish という語が確立され Perhaps のような使い方にまで拡張
していることを見た。

8．男性しか指さなかったのに女性も指すようになった guys

もともと、男性しか指さなかったのに女性も指すようになった表現で一番典
型的なのが、guys という表現である。まず、男の人に向かって使っている例
を見てみよう。まずは、男性2人に対して用いられている例。

(59) Policeman: ***Hey, guys?*** Maybe you should back off a bit.

Oz: It's okay.

── *The Listener*, S1E7

2人の男性緊急医療士に対して呼びかけている。この時に guys と使うのは
なんの問題もない。

次に、男性と女性が混ざっている場合の例である。

(60) Reza: Hey, ***guys.***

Bob: Hey!

Reza: I think my cousin's got a little crush on you, Kate.

161

Kate: He wouldn't stop talking about you.

—— *24*, S2E4

ケイトとその父親のボブが従兄弟のレザの事を話している所に、レザが来て「やあ！」とあいさつしている場面だが、ケイトが女性なのに、男女の区別をせず、guys と呼びかけている。

(61) Gary: Let's talk about this blog thing.

Selina: ***Guys***, what's going on right now?

Amy: I can explain that.

Selina: What is happening right now?

Amy: Brett Kagan's blog picked up a tweet from us.

—— *Veep*, S1E1

問題が起きたとゲーリーが副大統領のセリーナに告げ、セリーナが「みんな、何が起ってるの？」とスタッフに呼びかけている。スタッフの一人であるエイミーが説明し始めている場面である。男性スタッフと女性スタッフがいるので、男女に呼びかけているのである。

このように、guys という表現は、もともと男性を表していたが、その用法の拡張が起きて、女性が含まれていても関係なく、男女に対して使われるようになって来ている。

9．子供に向けてしか使わなかった Night night! という表現が普通に使われるように

もともと、子供と親とが「おやすみ！」という時に使われていた表現がNight night. という表現である。

(62) A: All right. Ready? Say good night.

9．英語表現の変化や用法の拡張について

B: Say night-night.

C: Good night, big man.

Addison: ***Night-night***, Daddy.

―― *Private Practice*, S3E21

もう遅いから「おやすみ」を言って寝なさいと言っている場面。子供が「お
やすみ」と言っている。

(63) Let's go to bed. There you go. There you go. ***Nighty-night-night.***

―― *Brothers and Sisters*, S3E17

この場面は赤ん坊を抱いていて、ベッドに寝かす時にキティが赤ん坊に話し
ている場面だが、Nighty をつけて night night と言っている。

(64) ***Night, night,*** tumor baby. It has been lovely, but we are done.

―― *Greay's Anatomy*, S11E13

この例は、脳にできた腫瘍について医者が「おやすみ、赤ちゃん腫瘍」と呼
びかけていて、手術をするのでお別れだと言っている。

(65) A girl: Monsieur, what are you doing in my fireplace?

Dr. Who: Oh, just a routine. ... fire check. Can you tell me what year it
is?

A girl: Of course I can! 1727.

Dr. Who: Right, lovely, one of my favourites. August is rubbish though
stay indoors. OK, that's all for now, thanks for your help. Hope you
enjoy the rest of the fire. ***Night night!***

A girl: Good night, Monsieur.

163

—— *Doctor Who 2005*, S2E4

　少女にドクター・フーが別れを告げる場面。彼が、Night night. と言っているのに対し、彼女は Good night. を使っている。

　以上が、子供や赤ん坊に「おやすみ」と言っている例だが、以下では、子供ではない場合にもこの表現の使用の拡張が見られる。

(66) A: I am tired, gotta go take a nap, see ya.

　　 B: You know something I don't?

　　 A: How would I know anything? I was in the hospital, out cold!

　　 B: It's not like I can hear things like that totally unrealistic Kate Hudson movie.

　　 A: You know what, I am tired, gotta go to bed, ***night night***.

　　 —— *Hannah Montana*, S3E20

疲れたから寝ると言っている場面。子供は登場していない。

(67) Wally: I'm gonna get some sleep, okay?

　　 Oz: Yeah, okay. Sure.

　　 Wally: Night-night.

　　 Oz: Okay, ***night-night.***

　　 —— *The Listener*, S1E7

　これは患者の老人ウォリーと緊急医療士であるオズの大人同士の会話。つまり、子供相手でなく使われているのである。

　次の例は go night-night という表現で使われ、go to sleep という意味で使っている。

9．英語表現の変化や用法の拡張について

(68) A: And when that pulse hits anyone from Earth-2...

B：It'll disrupt their nervous system.

A: Earth-2 metas go **_night-night._**

—— _The Flash,_ S2E22

その光の波動がアース 2 の人に当たると、神経が崩壊し、全ての人が眠って
しまうと言っている。

このように、night night という表現は用法の拡張が行われて、子供の表現
から大人がインフォーマルな状況で使う表現になって来ている。

10．全体が部分を表す I'm buzzing. という表現が使われるようになった

英語で hand というと「手」のことだが、「働き手」「人手」を表す用法があ
る。つまり、「部分」が「全体」を表すという事がよく見られるのである。

ところが、この反対の例が時折見られるのである。その典型的な例が「車が
パンクした」という表現だ。普通は次のように車が主語になる。

(69) A: What happened?

B: I know. I...

A: Your shirt!

B: Yeah.

A: Is that blood? Are you injured?

B: It looks worse than it is, I swear.

A: Oh, my God.

B: **_My car had a flat tire._**

—— _Grimm,_ S5E14

このように、車が主語になり、have a flat tire という表現が使われる。とこ
ろが、これよりも頻繁に使われているのが、人を主語にした表現である。例を

165

見てみよう。

(70) A: I think *I have a flat tire.* Can you take a look?

B: Uh, I'm not very good with cars.

―― *The Firm*, S1E7

本来はパンクした物を示す「車」が主語になって使われる表現が、その車を使う「人」を主語にして表現するように用法の拡張が行われている。

最近の英語で、これと同じように用法の拡張が行われているのが、「電話がなる」という表現である。当然の事ながら、電話を主語にした表現は普通に使われている。

(71) *Your blackberry's been buzzing* on the table every 20 minutes,

―― *Criminal Minds*, S3E19

(72) Jill, *your phone's buzzing.*

―― *Chuck*, S2E8

(73) Gotta run. *My phone's been buzzing* all morning because of this Henderson dude.

―― *Brothers and Sisters*, S4E7

(74) And *your phone won't stop bloody buzzing.*

―― *Torchwood*, S4E5

(75) Hey, Liam, *your phone's buzzing.*

―― *90210*, S5E5

以上のように、The telephone is buzzing. という表現は頻繁に使われている。ところが、最近使われだしているのが、以下のような人を主語にした I am buzzing. という表現である。

9. 英語表現の変化や用法の拡張について

(76) Oh! *I'm buzzing*... Sorry. It's the boss. Hello?
　　 —— *Unforgettable*, S!E6

「あ、電話だわ。ごめん、上司から」と説明している。次の例も同じような
状況だ。

(77) A: I once broke an alibi by demonstrating the exact severity of a fold...
　　 B: I'm not John, I can tell when you're fibbing.
　　 A: Okay, I learnt it on YouTube.
　　 B: Opera house, please. Oh, hang on, *I'm buzzing*. Hello? Oh, hi, Beth.
　　 —— *Sherlock*, S3E2

反対に、相手に電話がかかっている時にも、次のように You are buzzing.
という表現が使われている。

(78) A: Uh, *you're buzzing*.
　　 B: Geez, eight messages!
　　 A: Oh, sorry, uh, we don't get cell service when we're in flight.
　　 —— *90210*, S1E2

(79) A: *You're buzzing.*
　　 B: Oh, yeah, Reed's sending me text messages.
　　 —— *The O.C.*, S2E23

以上、全体が部分を表す表現が、部分を表す具体的な表現に変わって使われ
るという例をみた。

11. choose between の用法の変化について

通例、between という前置詞は between A and B と使用される。ところが、

次の例のように、choose という動詞が使われた場合には between A or B という表現が現れる。

(80) All night, I've realized I didn't choose college. I never **chose between Dan or Nate**. I didn't even choose Paris last year. Blair told me I was going. Trust me, I know what it feels like.¥ When you're not making your own decisions, you can feel helpless... ...because you don't wanna hurt anyone.
　── *Gossip Girl*, S4E22

このように、choose between A or B の形が使われている。これはテレビドラマのセリフなので、口語英語に限ったことであるのではないかと思い、書き言葉の例を探してみた。すると、次のように、between A or B という表現が使われている例が見つかった。

(81) For the future-oriented choice task we introduced a number of different trial types. The child was first given a practice trial in which he or she was asked to choose between one sticker now or two stickers now.
　── Chris Moore; Karen Lemmon, *The Self in Time: Developmental Perspectives*, p.171

(82) At the Aug. 13 library board meeting, Trustee Clarence Wittenstrom said if voters were to **choose between the school or the library referendums**, they "may turn on U-46 and give us ours."
　── *Daily Herald* (Arlington Heights, IL), September 1, 2002

(83) The Schoolmaster had long ago told me that if he had to **choose between the school or me**, he'd choose the school, which is where I left him. I secretly boarded the ferry to France without a game plan.

—— *The Mail on Sunday* (London, England), December 7, 2008

(84) The Harper government must **choose between "collaboration or collision"** with Canada's Aboriginal Peoples when it comes to proposed energy projects, the head of the Assembly of First Nations warned Thursday.

—— *The Canadian Press*, October 3, 2013

(85) The UK gets only the 2.2-litre CRDi desel version, with 200PS and a healthy 440Nm of torque. Customers get **to choose between a six-speed manual or auto gearbox**, both fitted with an extra tall cruising gear for economy.

—— *Daily Record (Glasgow, Scotland)*, September 25, 2015

(86) "Doing both is best, but if you had to **choose between one or the other,** the data would seem to indicate that making running your primary form of activity might be better," Brellenthin said.

—— *The Register Guard* (Eugene, OR), April 21, 2017

(87) RAMPANT United stormed to the top of the first division on Saturday - and left defender David Winnie wondering if he will have to **choose between the UEFA Cup or the Premier League**.

—— *The Mirror* (London, England), November 16, 1998

それでは、なぜこのように or という接続詞が使用されるのであろうか。これは、choose という動詞の意味からくるのであろうと思われる。というのも、AとBの二つのものから一つを選ぶという場合には、意味的に考えるとAかBのどちらかを選択するということになるからである。その意味的な要素が前面に出ると、本来の between A and B に変化が起きて、choose between A or B という表現が使われ始めると考えられる。

さらに、between はもともと二つのものの間ということが基本的な意味なのだが、実際には二つ以上のものの間でも使われるようになってきている。次

の例は、三つのものの間という意味で、choose between A, B, and C という形が使われている。

(88) Bill Clinton famously repositioned the Democrats in the middle of people who vote, but not in the middle of people who are eligible to vote. Note the distinction. In 1960, 62.8 percent of voting-age Americans *chose between John F. Kennedy and Richard Nixon.* In 1996 just 48.9 percent of voting-age Americans *chose between Bill Clinton, Bob Dole, and Ross Perot.*
── *The American Prospect,* March 27, 2000

また、次の記事では、choose between A and B と choose between A or B が混在している。少し長いが、引用しておく。

(89) Labour claim thousands of families must *choose between heating and eating* after cash to help hard-up households was slashed by a third.（中略）

Labour social justice spokesman Drew Smith said: "No Scottish family should have to *choose between heating and eating* this Christmas. （中略）

Neil, Cabinet Secretary for Infrastructure and Capital Investment, said: "In an energy-rich nation, no one should have to *choose between feeding their family or keeping them warm.*
── *Daily Record (Glasgow, Scotland),* December 26, 2011

以上のように、初めの二つは choose between A and B を使っているが、最後の例では choose between A or B を使っている。

さらに、次例では choose between A vs B という形も choose between A

170

9．英語表現の変化や用法の拡張について

or B と混在している。

(90) People struggling with health problems have also been seeking help. Thirty-four percent said they had to *choose between paying for food vs. paying their medical bills*.

　Forty-six percent said they often have to choose between paying for utilities or food, while another 39 percent said they have to *choose between paying their rent or mortgage or buying food*.

　Thirty-five percent said they had to *choose between buying food or paying for transportation*.

—— *The Florida Times Union*, February 10, 2010

さらに、次のように choose between A, B, C, D and E という形も使われることがある。

(91) In that race, voters will *choose between* small-business owner Laura Mandala, retired Air Force officer David Englin, Alexandria lawyer James Lay, Arlington County School Board Chairwoman Libby Garvey, former Delegate Richard Hobson *and* Elsie Mosqueda, a longtime legislative aide to Delegate Brian J. Moran.

—— *The Washington Times (Washington, DC)*, June 14, 2005

複数のものが choose between の後にくるので、choose between the の後には three, four, five, six, … と続く例も散見される。

(92) "It's a prestigious Cup to win and we'll go all out to win it, but as I said, if you're going to ask me to *choose between the three* it's the league, the FAI Cup and then the Setanta.

171

—— *Sunday Mirror (London, England)*, December 15, 2013

(93) Constantly being able to ***choose between the three main characters***, Sion Barzahd (a Final Fantasy pretty boy); Volt Krueger (Dolph Lundgren with horns) or Kou Leifoh (Michael Jackson with tattoos and khaki), the player works his way through an interactive movie complete with voice-overs, subtitles and orchestration while beating upon a wide range of dunderheaded lackeys.

—— *The Washington Times (Washington, DC)*, April 12, 2001

(94) CRICKET'S Friends Provident Trophy semi-finals take place on Wednesday with the bookies struggling to ***choose between the four remaining teams***.

—— *Sunday Mercury (Birmingham, England)*, June 17, 2007

(95) The ancient Chinese art of Feng Shui is brought into modern times with a series of products aiming to help create calm and prosperity in the home. Choose ***between the five elements*** of water (seaweed and bamboo), wood (sandalwood and ginseng), fire (cinnamon and amber), earth (patchouli and mandarin) or metal (white jasmine and juniper) from the Feng Shui Fragrance Company. For stockist details or mail order contact 01189 313820.

—— *Birmingham Evening Mail (England)*, February 15, 2001

(96) In an effort to help voters ***choose between the six candidates***, one of the written questions asked at Grayslake Central High School's auditorium was what they offer beyond repeating the GOP's traditional stances, such as reducing federal government.

—— *Daily Herald* (Arlington Heights, IL), January 11, 2010

(97) HAMPTON SPRINGS, Malpas 01948 820789: Fish, fish and more fish, and there is nothing to ***choose between the seven waters*** available.

—— *Liverpool Echo* (Liverpool, England), May 31, 2008

まとめ

　以上、現代英語で用法が変化しつつあるものを思いつくままに取り上げ、その現象の説明を試みたが、いろいろな用法の拡張現象には、それぞれ異なった要素が関与していたりしていて、シンプルなルールに集約することは困難である。しかし、このような例を地道に整理し、その背後にある用法の拡張に大きく関わる要素を整理していくことが英語語法学の重要な役割だと考える。

参考文献

東照二（1997）『社会言語学入門』研究社

Bergen, B. K.（2016）*What the F.* Basic Books

Bolinger, D.（1972）*Degree Words.* Mouton.

Brunner（1962: 67）ブルンナー、K（松浪有訳）（1973）『英語発達史』大修館書店.

Carter, R. M. McCarthy, G. Mark & A. O'Keeffe（2011）*English Grammar Today.* Cambridge.

Cruttenden, Alan（1986）. *Intonation.* Cambridge University Press.

Fillmore, C.（1997）*Lectures on Deixis.* CSLI Publications.

Hudson, R.A.（1996²）*Sociolinguistics.* Cambridge.

Hughes, G.（1998）*Swearing.* Penguin Books.

國弘正雄（1974-1975）『アメリカ英語の婉曲語法』（上）（中）（下）エレック.

久野暲、高見健一（2017）『謎解きの英文法動詞』くろしお出版.

黒川省三、ジェームズ・R・ランダーズ（1979）『アメリカ英語のタブー表現』ジャパンタイムズ.

黒川省三（1978a）『日本語と英語の間』ナツメ社.

黒川省三（1978b）『アメリカ人からみた日本人の英語』ジャパンタイムズ.

小西友七（1981）『アメリカ英語の語法』研究社出版.

Levi, J.（1978）*The Syntax and Semantics of Complex Nominals.* Academic Press.

毛利可信（1987）『英語の背景を読む』大修館書店.

西川盛雄（2006）『英語接辞研究』開拓社.

奥田隆一（1999）『英語観察学』鷹書房弓プレス.

奥田隆一（2013a）『英語語法学をめざして』関西大学出版部.

奥田隆一（2013b）「英語語法における曖昧性の回避について」『関西大学外国語学部紀要』, 第9号, pp. 83-94, 2013.

奥田隆一（2014）「Excuse you. の英語語法学的分析」 塩澤 正他編『現代社会と英語—英語の多様性をみつめて』金星堂, pp. 321-332.

奥田隆一（2016）『英語教育に生かす英語語法学』関西大学出版部.

奥田隆一、籏隆（2013）「形容詞とともに使われる a lot について」『日本英語コミュニケーション学会紀要』, pp. 17-25

Ross, J. R.（1967）"Nouniness ." in Osam Fujimura (ed.), Three Dimensions of Linguistic Research. (Tokyo: TEC Company Ltd., 1973), 137-257. Also in Aarts, B. et al. (eds.), *Fuzzy Grammar.* Oxford University Press. 2004, 351-422.

Ross, J. R.（1972）"The Category Squish: Endstation Hauptwort" in Peranteau, P. et al. (eds.), *Proceedings of the Eighth Regional Meeting of the Chicago Linguistic Society*, Chicago Linguistic Society, 316–338

Samuels, M.L.（1972）*Linguistic Evolution.*［桑原輝男（監訳）（1984）『言語の進化』研究社出版.

Spears, R.（1982）*Slang and Euphemism.* A Signet Book.

高増名代（2000）『英語のスウェアリング』開拓社.

Wennerstrom, A.（2001）. *The Music of Everyday Speech.* Oxford University Press.

八木克正（2012）「little / a little の副詞用法の研究」井上亜衣・神崎高明編『21世紀英語研究の諸相』開拓社. pp. 2-17.

（2003）*Cambridge Dictionary of American Idioms.* Cambridge University Press.

あ　と　が　き

　今回のこの本の執筆は、ほとんどが書き下ろしのため、遅々と進まず、締め
切りを延ばしてもらったにもかかわらず、当初計画してい章立てから9章にま
で削減することになった。しかし、何とか本の形を保つことができた。

　まだまだ分析が甘いところが目立つが、内容的には現代英語の中で気になる
様々な現象を取り上げる事ができたと思っている。

　完成が遅れて、関西大学出版部の方々には多大なご迷惑をおかけした事をこ
の場を借りてお詫びしたい。

　なお、原稿の誤りを見つけていただいた吉田由美子さん（樟蔭女子大学）と、
英語の例文の誤記や、スペリングのミスなどを本当に細かく見ていただいた宮
井博之さん（元和歌山県立高校教諭）には、本当にお世話になりました。ここ
に感謝の意を表します。

索　引

【あ】

曖昧性の回避　17, 26
足の親指　29
足の小指　29

【い】

E メール　26, 27
インフォーマル　71, 72, 74

【え】

婉曲表現　71, 72, 73, 74, 75, 76, 78, 79,
　80, 81, 82, 83, 84, 85, 89, 90, 91

【お】

親指　17, 18, 19, 20, 21, 29

【か】

下位語　29

【け】

携帯メール　27, 28
携帯メールを送る　28

【こ】

言葉とがめ　1, 2, 3
小指　17, 18, 19, 29

【し】

CD ケース　22, 23, 24, 25, 26
上位語　29

【す】

スウェアリング　71, 72, 73, 74, 75, 76,
　78, 80, 86, 87, 89, 90, 91

【せ】

専業主夫　153

【た】

ダイクシス　123, 125, 133, 139
態度とがめ　2, 3, 4, 5, 6, 10, 11, 12, 13,
　14
多義語　17

【て】

程度　23, 34, 35, 38, 39, 40, 41, 42
程度を表さない動詞　40

【と】

頭字語　74, 89, 91

【に】

ニュートラル　71, 72

【ひ】

頻度　34, 35, 37, 38, 39, 40, 41, 42, 74, 82,
　151

【ふ】

フォーマリティ　71
フォーマル　71, 72, 74

【ほ】

宝石箱　21, 22, 23, 24, 25, 26

【め】

命令文として使われる No ... ing.　142, 143

【A】

a big if.　100, 101
a bucket list?　150
acronym　74, 89, 91
a lot　31, 32, 33, 34, 35, 36, 37, 38, 39, 40,
　41, 42, 46, 66, 86, 96, 102, 105, 136, 153
a lot of the time　33, 34, 41
Are we there?　133
a stay-at-home.　154
a walking case file　141, 142
a walking dictionary　141, 142
a walking encyclopedia　141
a walking tablet　142

【B】

be / go bananas for　149
be on the house　145
big toe　29
bitch with a capital C　118, 119, 120

black DVD case   30
BS   90, 91

【C】

Can do.   66, 67, 68
carzy with a capital K   116
Check off that bucket list.   152
choose between   167, 168, 169, 170, 171, 172
choose between A, B, C, D and E   171
choose between A or B   168, 169, 170
class with a capital K   116
clear DVD case   30
color DVD case   30
come there   134, 135, 137, 139
comma   99
Cricky   82
Criminy   72, 73, 83
cross that off your bucket list.   152

【D】

dang   77, 79
darn   73, 77, 78
darned   73, 77
Doggone   72, 73, 82
Don't "…." me!   93, 94
DVD Jewel case   30

【E】

eff   73, 86, 87, 88, 89, 91
effing   73, 87, 88, 89, 91
e-mail   26, 27
email   26, 27, 28
email message   27
Excuse me   1, 2, 4, 8, 10, 11, 12, 13, 14, 81
Excuse you   1, 2, 3, 4, 5, 6, 7, 8, 9, 10, 11, 12, 13, 14

【F】

fifth finger   18, 19, 20
first finger   17, 18, 19, 20, 21
For crying out loud   84
fourth finger   17, 18, 19, 20, 21
frigging   73, 79, 80

【G】

Gee   72, 73, 79, 86, 87
Gee whiz   87
Give us a break.   132, 133
Give us a chance.   132
Give us a hand   130
Give us a hug.   128, 129, 130
Give us a kiss.   131
go bananas   148, 149, 150
go here   134, 137, 138, 139
golly   72, 73, 81, 82
gosh   72, 73, 78, 79, 80, 81, 82
guys   49, 63, 100, 136, 161, 162

【H】

heck   73, 74, 83, 84, 86, 88
helps us not   51
How are we?   125, 126, 127
How are we feeling?   127

【 I 】

I care not   49, 51
I have a flat tire.   166
I hope not   44, 45, 46, 49, 50
I kid you not   48, 49
I know not   49, 50, 51
I'm buzzing.   165
in the past tense.   103
… is bananas   146
-ish   155, 156
… is my middle name.   104
Ish.   158, 159, 160, 161
I think not   44, 45, 47, 49, 50

【J】

Jeez   72, 73, 75, 76
Jesus   72, 73, 75
jewel case   21, 22, 23, 24, 25, 26, 30
jewelry case   24, 25, 26
Jiminy Cricket   73, 85

【L】

little toe   29

【M】

make a bucket list?   150, 151

My car had a flat tire.   165

【N】

Night night   162, 163, 164
No can do.   66, 67, 68
No cutting   144
No kidding   143
No manhandling   143
No more squabbling   144
nondegree verbs   40
No smoking.   142, 143
No talking?   145
now   124, 125
No way.   59, 109, 110, 111

【P】

Past tense   103
perfect tense.   104
period   97, 98, 99, 101, 111
pre-30 bucket list   151
present tense.   102
provision with a capital E?   117

【Q】

question mark   96, 97, 111

【S】

Sam Hill   73, 85, 86
Says me.   55, 60, 61, 63
Says who?   55, 56, 57, 58, 59, 60, 61, 62, 69
Says you.   55, 61, 62, 63, 64
Say when.   106, 107, 108, 109
She loves me not   46, 47, 48
Shoot   75
sibling   154, 155
SOB   89, 90
stay-at-home dad   153, 154
stay-at-home mom   153, 154
stay-at-home parent   154

【T】

tempts me not   52
text   26, 27, 28, 86, 167
text message   26, 27, 28, 86, 167
thumb   17, 18, 20, 29
to-do list   150

【W】

wants me not   51
Way.   109, 110, 111
What do you got?   64, 65
What say + SV?   52, 54, 55
What say you?   52, 53, 54
What the heck …?   83
When.   106, 107, 108, 109, 111
~ with a capital …   113, 121
with a capital "o-m-g."   121
with a capital very.   120

【Y】

yesterday   98, 123, 124
you're buzzing   167

■著者紹介

奥田隆一（おくだ・たかいち）

1952年 大阪府堺市生まれ。1979年 神戸市外国語大学大学院修士課程修了。1980年～1999年 近畿大学教養部助手・講師・助教授。1990年～1991年 ハーバード大学言語学科客員研究員。1999年～2008年 和歌山大学教育学部教授。2008年～2009年 関西大学外国語教育研究機構教授。2013年 北アリゾナ大学客員研究員。2009年～現在 関西大学外国語学部教授。日本英語コミュニケーション学会理事、日本英語表現学会理事。

著書：『英語教育に生かす英語語法学』（関西大学出版部）、『英語語法学をめざして』（関西大学出版部）＜日本英語コミュニケーション学会賞・学術賞受賞＞、『英語観察学』（鷹書房弓プレス）辞書（分担執筆）：『英語基本動詞辞典』、『英語基本形容詞・副詞辞典』、『英語基本名詞辞典』（以上、研究社出版）、『ランダムハウス英和大辞典（第2版）』（小学館）翻訳（共訳）：ＮＤ・タートン『ロングマン英語正誤辞典』（金星堂）

英語語法学の展開
New Aspects of Current English Usage

2018年3月31日 発行

著　者	奥　田　隆　一	
発行所	関　西　大　学　出　版　部	
	〒564-8680 大阪府吹田市山手町3丁目3番35号	
	電話 06(6368)1121 ／ FAX 06(6389)5162	
印刷所	株式会社 図書印刷 同　朋　舎	
	〒600-8805 京都市下京区中堂寺鍵田町2	

© 2018 Takaichi OKUDA　　　　　　Printed in Japan

ISBN 978-4-87354-674-2　C3082　　　落丁・乱丁はお取替えいたします。